# 本書の特色と使い方

**ゆっくりていねいに、段階を追った学習ができます。支援学級などでの個別指導にも最適です。**

・問題量に配慮した、ゆったりとした紙面構成で、読み書きが苦手な子どもでも、ゆっくりていねいに段階を追って学習することができます。

・漢字が苦手な子どもでも学習意欲が減退しないように、問題文の全ての漢字にふりがなを記載しています。

**光村図書国語教科書から抜粋した詩・物語・説明文教材、ことば・文法教材の問題を掲載しています。**

・教科書掲載教材を使用して、授業の進度に合わせて予習・復習ができます。

・目次に 教科書 マークがついている単元は、教科書の本文が掲載されていません。教科書をよく読んで学習しましょう。

**どの子も理解できるよう、文章読解を支援する工夫をしています。**

・長い文章の読解問題の場合は、読みとりやすいように、問題文を二つなどに区切って、問題文と設問に1、2…と番号をつけ、短い文章から読みとれるよう配慮しました。

・読解のワークシートでは、設問の中で着目すべき言葉に傍線（サイドライン）を引いておきました。

・記述解答が必要な設問については、答えの一部をあらかじめ解答欄に記載しておきました。

**意欲をはぐくむ工夫をしています。**

・解答欄をできるだけ広々と書きやすいよう配慮しています。

・内容を理解するための説明イラストなども多数掲載しています。イラストは色塗りなども楽しめます。

**※ワークシートの解答例について（お家の方や先生方へ）**

本書の解答は、あくまでもひとつの「解答例」です。お子さまに取り組ませる前に、必ず指導される方が問題を解いてください。指導される方の作られた解答をもとに、お子さまの多様な考えに寄り添って○つけをお願いします。

ゆっくり ていねいに学べる

# 国語教科書支援ワーク

（光村図書の教材より抜粋）

## もくじ 4-②


（とびらの詩）はばたき …… 4
ごんぎつね …… 5
ごんぎつね（全文読解） 教科書 …… 15
（季節の言葉3）秋の楽しみ …… 16
クラスみんなで決めるには …… 18
世界にほこる和紙 …… 19
（じょうほう）百科事典での調べ方 …… 23
伝統工芸のよさを伝えよう …… 24
慣用句 …… 26
短歌・俳句に親しもう（一） 短歌 …… 30
短歌・俳句に親しもう（二） 俳句 …… 32
プラタナスの木 …… 34
感動を言葉に「およぐ」 …… 40

（季節の言葉４）冬の楽しみ …… 41
自分だけの詩集を作ろう　「まんげつ」「月」 …… 43
自分だけの詩集を作ろう　「つき」 …… 44
（言葉）熟語の意味 …… 45
ウナギのなぞを追って …… 49
つながりに気をつけよう …… 56
もしものときにそなえよう …… 62
調べて話そう、生活調査隊 …… 63
（言葉）まちがえやすい漢字　平がなで書くと同じになる言葉 …… 64
（言葉）まちがえやすい漢字　なじみのない読み方 …… 67
初雪のふる日 …… 69
百人一首に親しもう …… 75
言葉のたから箱 …… 76
解答例 …… 78

# はばたき

名前

● 次《つぎ》の詩《し》を二回読《にかいよ》んで、答《こた》えましょう。

はばたき

白鳥《はくちょう》のやって来《き》た空《そら》から、
ふわりふわりとまい下《お》りてくるのは、
㋐あれは雪《ゆき》ではなくて、
たくさんの白鳥《はくちょう》のはばたきから
飛《と》び散《ち》ってくる、
小《ちい》さな羽《はね》ではないのでしょうか。

（令和二年度版　光村図書　国語四下　はばたき　羽曽部《はそべ》　忠《ただし》）

(1) はばたきとは、どんな意味《いみ》ですか。○をつけましょう。

（　）鳥《とり》がつばさを広《ひろ》げて、ばたばたと動《うご》かすこと。

（　）鳥《とり》が小《ちい》さな声《こえ》で鳴《な》くこと。

(2) 空《そら》には、何《なん》という生《い》き物《もの》がやって来《き》ましたか。

「　　　　」

(3) ㋐あれとは、何《なに》を指《さ》していますか。

「空《そら》から　まい下《お》りてくるもの。［　　　　］と」

(4) この詩《し》の作者《さくしゃ》は、空《そら》からまい下《お》りてくるものは、何《なに》かもしれないと考《かんが》えていますか。一《ひと》つに○をつけましょう。

（　）雪《ゆき》。

（　）たくさんの白鳥《はくちょう》。

（　）白鳥《はくちょう》の小《ちい》さな羽《はね》。

# ごんぎつね (1)

名前

● 教科書《きょうかしょ》の「ごんぎつね」の全文《ぜんぶん》を読《よ》んだ後《あと》、次《つぎ》の文章《ぶんしょう》を二回《にかい》読《よ》んで、答《こた》えましょう。

1

〔昔《むかし》、「ごんぎつね」という、いたずらのすきな、ひとりぼっちの小《こ》ぎつねがいました。ある日《ひ》、ごんは、川《かわ》で魚《さかな》をとっている兵十《ひょうじゅう》を見《み》つけました。〕

兵十《ひょうじゅう》がいなくなると、ごんは、ぴょいと草《くさ》の中《なか》から飛《と》び出《だ》して、びくのそばへかけつけました。ちょいと、いたずらがしたくなったのです。

※びく……とった魚《さかな》を入《い》れておくかご。

2

ごんは、びくの中《なか》の魚《さかな》をつかみ出《だ》しては、はりきりあみのかかっている所《ところ》より下手《しもて》の川《かわ》の中《なか》を目《め》がけて、㋐ぽんぽん投《な》げこみました。どの魚《さかな》も、トボンと音《おと》を立《た》てながら、にごった水《みず》の中《なか》へもぐりこみました。

※はりきりあみ…魚《さかな》をとるあみの一《ひと》つ。

（令和二年度版　光村図書　国語四下　はばたき　新美《にいみ》南吉《なんきち》）

1

(1) 草《くさ》の中《なか》から飛《と》び出《だ》したごんは、どこへかけつけましたか。

［　　　　］

(2) ごんがかけつけたのは、何《なに》がしたくなったからですか。

［　　　　］

2

(1) ごんは、何《なに》を川《かわ》の中《なか》へ投《な》げこみましたか。

川《かわ》で［　　］がとった、［　　］の中《なか》の［　　］。

(2) ㋐ぽんぽんという言葉《ことば》から、どのようなことが分《わ》かりますか。○をつけましょう。

（　）魚《さかな》を何《なん》びきも投《な》げこんだ。

（　）投《な》げた魚《さかな》は一《いっ》ぴきだけだった。

# ごんぎつね (2)

名前

● 次《つぎ》の文章《ぶんしょう》を二回《にかい》読《よ》んで、答《こた》えましょう。

1

［ごんは、兵十《ひょうじゅう》がせっかくとった魚《さかな》を川《かわ》の中《なか》へぽんぽん投《な》げこみました。］

いちばんしまいに、太《ふと》いうなぎをつかみにかかりましたが、なにしろぬるぬるとすべりぬけるので、手《て》ではつかめません。ごんは、じれったくなって、頭《あたま》をびくの中《なか》につっこんで、うなぎの頭《あたま》を口《くち》にくわえました。

※しまい…おしまい。さいご。
※じれったい…思《おも》うようにならなくて、いらいらするようす。

2

うなぎは、キュッといって、ごんの首《くび》へまきつきました。
そのとたんに
兵十《ひょうじゅう》が、
向《む》こうから、
「うわあ、ぬすっとぎつねめ。」
とどなり立《た》てました。

（令和二年度版　光村図書　国語四下　はばたき　新美《にいみ》　南吉《なんきち》）

1

(1) ごんは、さいごに何《なに》をつかみにかかりましたか。

［　　　　］

(2) うまくつかめないうなぎを、ごんは、どのようにしましたか。一《ひと》つに○をつけましょう。

（　）なんとか手《て》でつかんだ。
（　）うなぎの頭《あたま》を口《くち》にくわえた。
（　）うなぎをとるのをあきらめた。

2

(1) うなぎは、何《なに》にまきつきましたか。

［　　　　］

(2) ごんの様子《ようす》を見た兵十《ひょうじゅう》は、何《なん》とどなり立《た》てましたか。

［うわあ、　　　　。］

# ごんぎつね　(3)

名前

● 次《つぎ》の文章《ぶんしょう》を二回《にかい》読《よ》んで、答《こた》えましょう。

1

［兵十《ひょうじゅう》は、「ぬすっとぎつねめ。」とどなり立《た》てました。］

ごんは、びっくりして飛《と》び上《あ》がりました。うなぎをふりすててにげようとしましたが、うなぎは、ごんの首《くび》にまきついたままはなれません。ごんは、㋐そのまま横《よこ》っ飛《と》びに飛《と》び出《だ》して、一生《いっしょう》けんめいににげていきました。

2

ほらあなの近《ちか》くのはんの木《き》の下《した》でふり返《かえ》ってみましたが、兵十《ひょうじゅう》は追《お》っかけては来《き》ませんでした。

ごんは㋑ほっとして、うなぎの頭《あたま》をかみくだき、やっと外《はず》して、あなの外《そと》の草《くさ》の葉《は》の上《うえ》にのせておきました。

（令和二年度版　光村図書　国語四下　はばたき　新美《にいみ》　南吉《なんきち》）

1

(1) 兵十《ひょうじゅう》にどなられたごんは、どうなりましたか。

［　　　　して飛《と》び上《あ》がった。］

(2) ㋐そのままとは、ごんは、どんな様子《ようす》のまま横《よこ》っ飛《と》びで飛《と》び出《だ》したのですか。

［　　　　が　　　　にまきついたまま。］

2

(1) ごんが㋑ほっとしたのは、どうしてですか。一《ひと》つに○をつけましょう。

（　）ほらあなの近《ちか》くまでにげてきたから。

（　）兵十《ひょうじゅう》が追《お》っかけて来《こ》なかったから。

（　）首《くび》からうなぎをやっと外《はず》せたから。

(2) ごんは、首《くび》からうなぎを外《はず》すのに、何《なに》をしましたか。

［うなぎの　　　　をかみくだいた。］

# ごんぎつね ⑷

名前

● 次《つぎ》の文章《ぶんしょう》を二回《にかい》読《よ》んで、答《こた》えましょう。

1

〔ごんのいたずらから十日《とおか》ほどたった日《ひ》のことです。ごんは、そうしきのれつが墓地《ぼち》へ入《はい》っていくのを見《み》ました。〕

ごんは、のび上《あ》がって見《み》ました。兵十《ひょうじゅう》が、白《しろ》いかみしもを着《つ》けて、いはいをささげています。いつもは、赤《あか》いさつまいもみたいな元気《げんき》のいい顔《かお》が、今日《きょう》はなんだかしおれていました。

※かみしも…上下《じょうげ》でひとそろいになった、昔《むかし》の正式《せいしき》なふくそう。ここでは、そうしきのとき、男《おとこ》の人《ひと》が着《き》る白《しろ》いかみしものこと。

2

「ははん、死《し》んだのは、兵十《ひょうじゅう》のおっかあだ。」ごんは、㋐そう思《おも》いながら頭《あたま》を引《ひ》っこめました。

※おっかあ…お母《かあ》さん。

（令和二年度版　光村図書　国語四下　はばたき　新美《にいみ》　南吉《なんきち》）

1

(1) 兵十《ひょうじゅう》は、何色《なにいろ》の、どんなふくそうをしていましたか。

(2) 兵十《ひょうじゅう》は、いつもは、どんな顔《かお》をしていますか。

赤《あか》いさつまいもみたいな、［　　　　］顔《かお》。

(3) 兵十《ひょうじゅう》は、今日《きょう》はどんな様子《ようす》でしたか。

2

㋐そうが指《さ》している一文《いちぶん》を、文中《ぶんちゅう》から書《か》き出《だ》しましょう。

# ごんぎつね (5)

名前

● 次《つぎ》の文章《ぶんしょう》を二回《にかい》読《よ》んで、答《こた》えましょう。

そのばん、ごんは、あなの中《なか》で考《かんが》えました。「兵十《ひょうじゅう》のおっかあは、とこについていて、うなぎが食《た》べたいと言《い》ったにちがいない。それで、兵十《ひょうじゅう》が、はりきりあみを持《も》ち出《だ》したんだ。［㋐］、わしがいたずらをして、うなぎを取《と》ってきてしまった。［㋑］、兵十《ひょうじゅう》は、おっかあにうなぎを食《た》べさせることができなかった。そのまま、おっかあは、死《し》んじゃったにちがいない。ああ、うなぎが食《た》べたい、うなぎが食《た》べたいと思《おも》いながら死《し》んだんだろう。ちょっ、㋒あんないたずらをしなけりゃよかった。」

※とこにつく…病気《びょうき》になって、ねこむ。

（令和二年度版　光村図書　国語四下　はばたき　新美《にいみ》　南吉《なんきち》）

(1) 上《うえ》の文章《ぶんしょう》のかぎ（「　」）の中《なか》の文《ぶん》は、どんなことを表《あらわ》していますか。○をつけましょう。

（　）ごんが考《かんが》えたこと。

（　）ごんが兵十《ひょうじゅう》に言《い》ったこと。

(2) ［㋐］、［㋑］にあてはまる言葉《ことば》を［　］から選《えら》んで書《か》きましょう。

［だから　・　ところが］

㋐［　　　　］

㋑［　　　　］

(3) ㋒あんないたずらとは、どんないたずらでしたか。

［　　　　］がつかまえた［　　　　］を、ごんが取《と》ってきてしまったこと。

# ごんぎつね ⑹

名前

● 次《つぎ》の文章《ぶんしょう》を二回《にかい》読《よ》んで、答《こた》えましょう。

1

〔兵十《ひょうじゅう》のうなぎをとってしまったごんは、そのあと、くりや松《まつ》たけをこっそりと兵十《ひょうじゅう》にとどけるようになりました。あるばん、ごんは道《みち》ばたで兵十《ひょうじゅう》と加助《かすけ》がくりや松《まつ》たけのことを話《はな》しているのを耳《みみ》にします。〕

兵十《ひょうじゅう》と加助《かすけ》は、またいっしょに帰《かえ》っていきます。

ごんは、二人《ふたり》の話《はなし》を聞《き》こうと思《おも》って、ついていきました。㋐兵十《ひょうじゅう》のかげぼうしをふみふみ行《い》きました。

2

お城《しろ》の前《まえ》まで来《き》たとき、加助《かすけ》が言《い》いだしました。

㋑「さっきの話《はなし》は、きっと、そりゃあ、神様《かみさま》のしわざだぞ。」

㋒「えっ。」

と、兵十《ひょうじゅう》はびっくりして、加助《かすけ》の顔《かお》を見《み》ました。

（令和二年度版　光村図書　国語四下　はばたき　新美《にいみ》　南吉《なんきち》）

1

(1) ごんは、何《なに》を聞《き》こうと思《おも》って、兵十《ひょうじゅう》と加助《かすけ》についていきましたか。

〔　　　　〕

(2) ㋐兵十《ひょうじゅう》のかげぼうしをふみふみ行《い》きました。から、ごんのどんな様子《ようす》が分《わ》かりますか。

（　）ごんが、兵十《ひょうじゅう》とかげふみ遊《あそ》びをしている様子《ようす》。

（　）ごんが、兵十《ひょうじゅう》のかげをふめるほど、すぐ近《ちか》くをついていく様子《ようす》。

2

(1) ㋑、㋒の言葉《ことば》は、それぞれだれが言《い》った言葉《ことば》ですか。

㋑〔　　　　〕

㋒〔　　　　〕

(2) びっくりした兵十《ひょうじゅう》が見《み》たものは、何《なん》でしたか。

〔　　　　〕

# ごんぎつね (7)

名前

次《つぎ》の文章《ぶんしょう》を二回《にかい》読《よ》んで、答《こた》えましょう。

1

〔加助《かすけ》は、毎日《まいにち》のようにくりや松《まつ》たけが兵十《ひょうじゅう》にとどけられているのは、神《かみ》様のしわざだと言《い》いだしました。〕

㋐「おれはあれからずっと考《かんが》えていたが、どうも、そりゃ、人間《にんげん》じゃない、神様《かみさま》だ。神様《かみさま》が、おまえがたった一人《ひとり》になったのをあわれに思《おも》わっしゃって(お思《おも》いになって)、いろんな物《もの》をめぐんでくださるんだよ。」

「そうかなあ。」

㋑「そうだとも。だから、毎日《まいにち》、神様《かみさま》にお礼《れい》を言《い》うがいいよ。」

「うん。」

※あわれに…かわいそうに。

2

ごんは、「へえ、こいつはつまらないな。」と思《おも》いました。

「おれがくりや松《まつ》たけを持《も》っていってやるのに、そのおれにはお礼《れい》を言《い》わないで、神様《かみさま》にお礼《れい》を言《い》うんじゃあ、おれは引《ひ》き合《あ》わないなあ。」

(令和二年度版　光村図書　国語四下　はばたき　新美《にいみ》　南吉《なんきち》)

1

(1) ㋐、㋑は加助《かすけ》の言葉《ことば》です。加助《かすけ》は、神様《かみさま》が兵十《ひょうじゅう》のことをどのように思《おも》っていると考《かんが》えましたか。

〔兵十《ひょうじゅう》が[　　　　]に
なったのを[　　　　]に
お思《おも》いになっている。〕

(2) 加助《かすけ》は、兵十《ひょうじゅう》に、毎日《まいにち》どうするといいと言《い》いましたか。

〔　　　　〕

2

加助《かすけ》と兵十《ひょうじゅう》の話《はなし》を聞《き》いたごんは、何《なん》と思《おも》いましたか。一《ひと》つに○をつけましょう。

(　)おれのことを神様《かみさま》と思《おも》うなんて、おもしろいな。

(　)おれじゃなくて神様《かみさま》にお礼《れい》を言《い》うなんて、がんばったかいがないなあ。

(　)おれが神様《かみさま》になったみたいでうれしいな。

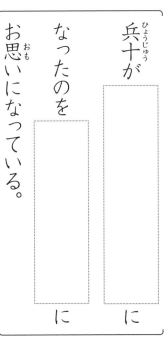

# ごんぎつね ⑻

名前

● 次《つぎ》の文章《ぶんしょう》を二回《にかい》読《よ》んで、答《こた》えましょう。

1

その明《あ》くる日《ひ》も、ごんは、くりを持《も》って、兵十《ひょうじゅう》のうちへ出《で》かけました。兵十《ひょうじゅう》は、物置《ものおき》で縄《なわ》をなっていました。それで、ごんは、うちのうら口《ぐち》から、こっそり中《なか》へ入《はい》りました。

※縄《なわ》をなう…わらをねじり合《あ》わせて、縄《なわ》をつくること。

2

㋐そのとき兵十《ひょうじゅう》は、ふと顔《かお》を上《あ》げました。と、きつねがうちの中《なか》へ入《はい》ったではありませんか。こないだ、うなぎをぬすみやがったあのごんぎつねめが、またいたずらをしに来《き》たな。

（令和二年度版　光村図書　国語四下　はばたき　新美《にいみ》　南吉《なんきち》）

1

(1) ごんは、何《なに》を持《も》って、兵十《ひょうじゅう》のうちへ出《で》かけましたか。

(2) ごんは、兵十《ひょうじゅう》のうちの中《なか》へどこから入《はい》りましたか。

2

(1) ㋐そのときとは、いつのことですか。

ごんが、　　　　とき。

(2) 兵十《ひょうじゅう》は、ごんが何《なに》をしに来《き》たと思《おも》いましたか。文中《ぶんちゅう》の言葉《ことば》四文字《よんもじ》で答《こた》えましょう。

# ごんぎつね　(9)

名前

● 次《つぎ》の文章《ぶんしょう》を二回《にかい》読《よ》んで、答《こた》えましょう。

1

［兵十《ひょうじゅう》は、ごんがうちの中《なか》へ入《はい》っていくのに気《き》がつきました。］

「ようし。」

兵十《ひょうじゅう》は立《た》ち上《あ》がって、なやにかけてある火縄《ひなわ》じゅうを取《と》って、火薬《かやく》をつめました。そして、㋐足音《あしおと》をしのばせて近《ちか》よって、今《いま》、戸口《とぐち》を出《で》ようとするごんを、ドンとうちました。

ごんは、ばたりとたおれました。

※火縄《ひなわ》じゅう…昔《むかし》のてっぽう。

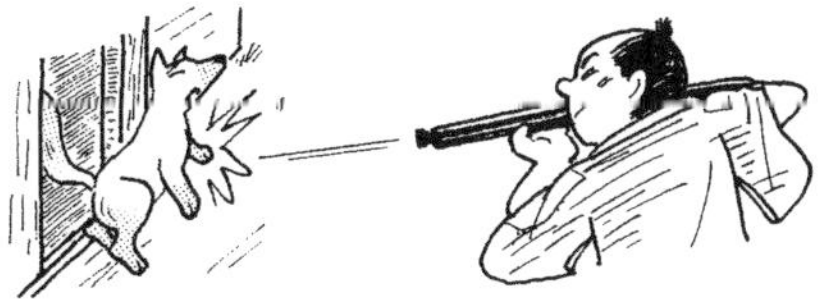

2

兵十《ひょうじゅう》はかけよってきました。うちの中《なか》を見《み》ると、土間《どま》にくりがかためて置《お》いてあるのが、目《め》につきました。

（令和二年度版　光村図書　国語四下　はばたき　新美《にいみ》　南吉《なんきち》）

1

(1) ㋐足音《あしおと》をしのばせてごんに近《ちか》よった兵十《ひょうじゅう》は、どんな気持《きも》ちでしたか。○をつけましょう。

（　）ごんに気《き》づかれないように近《ちか》づいてやっつけよう。

（　）ごんが何《なに》をしに来《き》たのか聞《き》いてみよう。

(2) 兵十《ひょうじゅう》は、ごんを何《なに》でうちましたか。

［　　　　］

(3) うたれたごんは、どうなりましたか。

［　　　　］

2 うちの中《なか》を見《み》た兵十《ひょうじゅう》は、どんなことに気《き》がつきましたか。

［　　　　　］に［　　　　　］がかためて置《お》いてあること。

# ごんぎつね (10)

名前

● 次《つぎ》の文章《ぶんしょう》を二回《にかい》読《よ》んで、答《こた》えましょう。

1

［かけよってきた兵十《ひょうじゅう》がうちの中《なか》を見《み》ると、土間《どま》にくりが固《かた》めて置《お》いてあるのが、目《め》につきました。］

「おや。」
と、兵十《ひょうじゅう》はびっくりして、
ごんに目《め》を落《お》としました。
「ごん、おまい《（おまえ）》だったのか、
いつも、くりをくれたのは。」
ごんは、ぐったりと
目《め》をつぶったまま、
うなずきました。

2

兵十《ひょうじゅう》は、火縄《ひなわ》じゅうを
ばたりと取《と》り落《お》としました。
青《あお》いけむりが、
まだつつ口《ぐち》から
細《ほそ》く出《で》ていました。

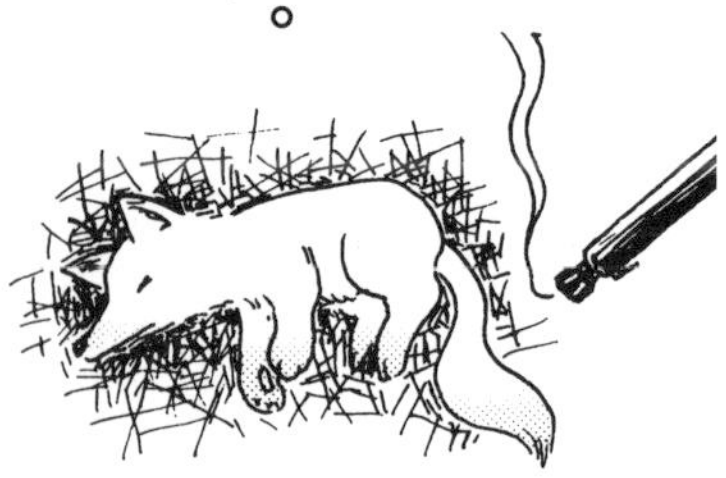

（令和二年度版　光村図書　国語四下　はばたき　新美《にいみ》　南吉《なんきち》）

1

(1) 「おや。」と兵十《ひょうじゅう》がびっくりしたのは、どんなことに気《き》づいたからですか。

いつも［　　　］をくれていたのが、［　　　］だったということ。

(2) 兵十《ひょうじゅう》の言葉《ことば》を聞《き》いたごんは、どうしましたか。文中《ぶんちゅう》から一文《いちぶん》を書《か》き出《だ》しましょう。

2 兵十《ひょうじゅう》が火縄《ひなわ》じゅうを取《と》り落《お》としたあとの、情景《じょうけい》がよく分《わ》かる一文《いちぶん》を文中《ぶんちゅう》から書《か》き出《だ》しましょう。

※情景《じょうけい》…人物《じんぶつ》の気持《きも》ちが表《あらわ》れている、風景《ふうけい》や場面《ばめん》の様子《ようす》のこと。

# ごんぎつね (11)

名前

教科書《きょうかしょ》の「ごんぎつね」の全文《ぜんぶん》を読《よ》んで、答《こた》えましょう。

● 次《つぎ》の1～6の場面《ばめん》のごんや兵十《ひょうじゅう》の様子《ようす》で、（　）にあてはまる言葉《ことば》を［　］から選《えら》んで書《か》きましょう。

1
兵十《ひょうじゅう》に（いたずら）を見《み》つけられ、（　　）を首《くび》にまきつけたまま、にげるごん。

2
兵十《ひょうじゅう》のお母《かあ》さんのそうしきで、兵十《ひょうじゅう》の様子《ようす》を（　　）から見《み》るごん。

3
うなぎをとった（　　）に、くりなどを兵十《ひょうじゅう》の（　　）にとどけるようになったごん。

4
月《つき》のいいばん、兵十《ひょうじゅう》が加助《かすけ》に「（　　）や松《まつ》たけをだれかが毎日《まいにち》くれる」と話《はな》しているのを聞《き》くごん。

5
自分《じぶん》がとどけていることを「（　　）がしたこと」と言《い》われ、「引《ひ》き合《あ》わないなあ。」と思《おも》うごん。

6
兵十《ひょうじゅう》は、（　　）でごんをうってしまう。

・いたずら　・神様《かみさま》　・火縄《ひなわ》じゅう　・うち
・かげ　・つぐない　・うなぎ　・くり

# 季節《きせつ》の言葉《ことば》3
## 秋《あき》の楽《たの》しみ (1)

名前

(1) 次《つぎ》の説明《せつめい》に合《あ》う、秋《あき》に関係《かんけい》する行事《ぎょうじ》の名前《なまえ》や言葉《ことば》を□から選《えら》んで書《か》きましょう。

① 月《つき》をながめて楽《たの》しむこと。

② 秋《あき》の野山《のやま》でカエデなどの紅葉《こうよう》をながめて楽《たの》しむこと。

③ 秋《あき》を代表《だいひょう》するものとされる、七《なな》つの草花《くさばな》。

④ 十一月十五日《じゅういちがつじゅうごにち》に行《おこな》われる、子《こ》どもの成長《せいちょう》を祝《いわ》う行事《ぎょうじ》。晴《は》れ着《ぎ》を着《き》て、神社《じんじゃ》などにおまいりをする。

・七五三《しちごさん》　・お月見《つきみ》
・秋《あき》の七草《ななくさ》　・もみじがり

(2) 次《つぎ》の言葉《ことば》に関係《かんけい》が深《ふか》い言葉《ことば》を下《した》から選《えら》んで、——線《せん》でむすびましょう。

① お月見《つきみ》　・　　・　ちとせあめ

② もみじがり　・　　・　いちょう

③ 七五三《しちごさん》　・　　・　月見《つきみ》だんご

季節《きせつ》の言葉《ことば》3

# 秋《あき》の楽《たの》しみ (2)

名前

(1) 次《つぎ》の文《ぶん》は、「お月見《つきみ》」の言葉《ことば》をくわしく説明《せつめい》しているものです。（　）にあてはまる言葉《ことば》を□から選《えら》んで書《か》きましょう。

「お月見《つきみ》」とは、昔《むかし》のこよみの八月十五日《はちがつじゅうごにち》に、（　　　）とよばれる満月《まんげつ》をながめることなどをいう。

お月見《つきみ》のときは、（　　　）と、その年《とし》にとれたくりやいもなどの作物《さくもつ》をそなえ、秋《あき》の七草《ななくさ》の一《ひと》つの（　　　）をかざる。

・月見《つきみ》だんご　・すすき　・中秋《ちゅうしゅう》の名月《めいげつ》

(2) 次《つぎ》の短歌《たんか》を読《よ》んで、答《こた》えましょう。

ちはやぶる神代《かみよ》も聞《き》かず竜田川《たつたがわ》
から紅《くれない》に水《みず》くくるとは

在原《ありわらの》業平《なりひら》

（令和二年度版　光村図書　国語四下　はばたき「秋の楽しみ」による）

● 上《うえ》の短歌《たんか》を五《ご》・七《しち》・五《ご》・七《しち》・七《しち》の五《いつ》つの部分《ぶぶん》に分《わ》けて、ひらがなで書《か》きましょう。

# クラスみんなで決《き》めるには

名前

● 教科書《きょうかしょ》の「クラスみんなで決《き》めるには」を読《よ》んで、答《こた》えましょう。

次《つぎ》の話《はな》し合《あ》いの一部《いちぶ》の文章《ぶんしょう》を二回《にかい》読《よ》んで、答《こた》えましょう。

北山《きたやま》

今日《きょう》は、ちいきの学習《がくしゅう》でお世話《せわ》になった坂《さか》さんたちへのお礼《れい》の会《かい》で、何《なに》をするかを決《き》めます。初《はじ》めに、何《なに》をしたいか、意見《いけん》を出《だ》し合《あ》います。次《つぎ》に、どうやって決《き》めるかを考《かんが》え、その決《き》め方《かた》にそって話《はな》し合《あ》います。

それでは、意見《いけん》のある人《ひと》は、手《て》を挙《あ》げてください。――では、池田《いけだ》さん、小森《こもり》さん、大木《おおき》さんの順《じゅん》でおねがいします。

池田《いけだ》

はい。ぼくは、かんしゃじょうをわたしたいと思《おも》います。そうすれば、ぼくたちの気持《きも》ちを言葉《ことば》にして伝《つた》えることができるからです。

小森《こもり》

ぼくも、池田《いけだ》さんと同《おな》じように、かんしゃじょうがいいと思《おも》います。クラス全員《ぜんいん》でひと言《こと》ずつ書《か》くといいのではないでしょうか。

大木《おおき》

わたしは別《べつ》の意見《いけん》なのですが、学校農園《がっこうのうえん》で作《つく》っているさつまいもを、いっしょに食《た》べるといいと思《おも》います。

理由《りゆう》は、――。

（令和二年度版　光村図書　国語四下　はばたき「クラスみんなで決めるには」による）

(1) 話《はな》し合《あ》いで、司会《しかい》の役《やく》わりをしているのは、だれですか。

（　　　　）さん

(2) 話《はな》し合《あ》いの議題《ぎだい》は、何《なん》ですか。○をつけましょう。

（　）ちいきの学習《がくしゅう》で何《なに》を学習《がくしゅう》するか。

（　）お礼《れい》の会《かい》で何《なに》をするか。

(3) 池田《いけだ》さんがかんしゃじょうをわたしたいと考《かんが》えたのは、なぜですか。

（　　　　）から。

(4) 池田《いけだ》さんの意見《いけん》にさんせいしている人《ひと》は、だれですか。

（　　　　）さん

# 世界《せかい》にほこる和紙《わし》 (1)

名前

● 次《つぎ》の文章《ぶんしょう》を二回《にかい》読《よ》んで、答《こた》えましょう。

1

二〇一四年《にせんじゅうよねん》十一月《じゅういちがつ》二十六日《にじゅうろくにち》、和紙《わし》を作《つく》る日本《にほん》の伝統的《でんとうてき》なぎじゅつが、ユネスコの無形《むけい》文化遺産《ぶんかいさん》に登録《とうろく》されました。

2

紙《かみ》は、せんいというとても細《ほそ》い糸《いと》のようなものでできています。植物《しょくぶつ》から取《と》り出《だ》したせんいを、人《ひと》の手《て》によって、ていねいにからませて作《つく》る日本《にほん》のわざが、世界《せかい》にみとめられたのです。日常生活《にちじょうせいかつ》では、機械《きかい》で作《つく》られた洋紙《ようし》とよばれる紙《かみ》を使《つか》うことが多《おお》くなりましたが、日本《にほん》には、このすばらしいぎじゅつによって作《つく》られた和紙《わし》もあるのです。

（令和二年度版　光村図書　国語四下　はばたき　増田《ますだ》　勝彦《かつひこ》）

1 二〇一四年《にせんじゅうよねん》十一月《じゅういちがつ》二十六日《にじゅうろくにち》、ユネスコの無形文化遺産《むけいぶんかいさん》に登録《とうろく》されたのは、何《なん》ですか。

［　　　　］を作《つく》る日本《にほん》の
伝統的《でんとうてき》な［　　　　］。

2 (1) 紙《かみ》は、どんなものでできていますか。

［　　　　］というとても［　　　　］のようなもの。

(2) 和紙《わし》は、どのように作《つく》られていますか。文中《ぶんちゅう》の言葉《ことば》三《さん》文字《もじ》を書《か》き出《だ》して答《こた》えましょう。

［　］［　］［　］によって
ていねいに作《つく》られている。

(3) 洋紙《ようし》は、どのように作《つく》られていますか。文中《ぶんちゅう》の言葉《ことば》二《に》文字《もじ》を書《か》き出《だ》して答《こた》えましょう。

［　］［　］で作《つく》られている。

※「日本《にほん》」は「にっぽん」とも読《よ》みます。

# 世界《せかい》にほこる和紙《わし》 (2)

名前

● 次《つぎ》の文章《ぶんしょう》を二回《にかい》読《よ》んで、答《こた》えましょう。

1

わたしは、和紙《わし》のことをほこりに思《おも》っています。そして、より多《おお》くの人《ひと》に和紙《わし》のよさを知《し》ってもらい、使《つか》ってほしいと考《かんが》えています。

※ほこり…じまん。

2

なぜなら、和紙《わし》には洋紙《ようし》にはないよさがあり、和紙《わし》を選《えら》んで使《つか》うことは、自分《じぶん》の気持《きも》ちを表《あらわ》す方法《ほうほう》の一《ひと》つだからです。

（令和二年度版　光村図書　国語四下　はばたき　増田《ますだ》　勝彦《かつひこ》）

1 和紙《わし》について、わたし（筆者《ひっしゃ》）の考《かんが》えていることを、二《ふた》つ書《か》きましょう。

- ［　　　　］に思《おも》っている。
- より多《おお》くの人《ひと》に和紙《わし》の［　　　　］を知《し》ってもらい、［　　　　］ほしい。

2 わたし（筆者《ひっしゃ》）が、1のように考《かんが》えているのは、なぜですか。二《ふた》つ書《か》きましょう。

- 和紙《わし》には［　　　　］があるから。
- 和紙《わし》を選《えら》んで使《つか》うことは、［　　　　］だから。

# 世界《せかい》にほこる和紙《わし》 (3)

名前

● 次《つぎ》の文章《ぶんしょう》を二回《にかい》読《よ》んで、答《こた》えましょう。

1

まず、和紙《わし》のよさについて考《かんが》えてみましょう。和紙《わし》には、洋紙《ようし》とくらべて、やぶれにくく、長《なが》もちするという二《ふた》つのとくちょうがあります。このようなちがいは、何《なに》によって生《う》まれるのでしょうか。

※とくちょう……とくにすぐれているところ。

2

紙《かみ》のやぶれにくさは、せんいの長《なが》さのちがいが関係《かんけい》しています。紙《かみ》は、そこにふくまれるせんいが長《なが》いほど、よりやぶれにくくなります。そして、洋紙《ようし》と和紙《わし》をくらべると、和紙《わし》はとても長《なが》いせんいでできています。そのため、和紙《わし》は、洋紙《ようし》よりもやぶれにくいのです。

（令和二年度版　光村図書　国語四下　はげたき　増田《ますだ》　勝彦《かつひこ》）

1

(1) まず、何《なに》について考《かんが》えてみようといっていますか。

(2) 和紙《わし》には、洋紙《ようし》とくらべて、どんなとくちょうがありますか。二《ふた》つ書《か》きましょう。

2

(1) 紙《かみ》のやぶれにくさは、何《なに》が関係《かんけい》していますか。

(2) 和紙《わし》が、洋紙《ようし》よりもやぶれにくいのは、なぜですか。

和紙《わし》は、とても　　　　でできているから。

# 世界《せかい》にほこる和紙《わし》 ⑷

名前

● 次《つぎ》の文章《ぶんしょう》を二回《にかい》読《よ》んで、答《こた》えましょう。

1

〔和紙《わし》には、洋紙《ようし》とくらべて、やぶれにくく、長《なが》もちするという二《ふた》つのとくちょうがあります。〕

紙《かみ》が長《なが》もちするかどうかは、作《つく》り方《かた》のちがいによります。

洋紙《ようし》を作《つく》るときには、とても高《たか》い温度《おんど》にしたり、多《おお》くの薬品《やくひん》を使《つか》ったりします。

しかし、和紙《わし》を作《つく》るときには、洋紙《ようし》ほど高《たか》い温度《おんど》にすることはなく、薬品《やくひん》もあまり使《つか》いません。

2

よりおだやかなかんきょうで作《つく》られている和紙《わし》は、時間《じかん》がたっても紙《かみ》の成分《せいぶん》が変化《へんか》しにくく、その結果《けっか》、長《なが》もちするのです。

（令和二年度版　光村図書　国語四下　はばたき　増田《ますだ》　勝彦《かつひこ》）

1

⑴ 紙《かみ》が長《なが》もちするかどうかは、何《なに》によりますか。

⑵ 洋紙《ようし》を作《つく》るときと、和紙《わし》を作《つく》るときで、どんなちがいがあるといっていますか。二《ふた》つ選《えら》んで○をつけましょう。

（　）作《つく》る場所《ばしょ》。
（　）温度《おんど》の高《たか》さ。
（　）時間《じかん》の長《なが》さ。
（　）使《つか》う薬品《やくひん》の量《りょう》。

2

⑴ 和紙《わし》は、どんなかんきょうで作《つく》られていますか。

洋紙《ようし》より　　　　かんきょう。

⑵ 和紙《わし》は、⑴のかんきょうで作《つく》られている結果《けっか》として、どうなるのですか。

じょうほう

# 百科事典《ひゃっかじてん》での調《しら》べ方《かた》

名前

教科書《きょうかしょ》の「百科事典《ひゃっかじてん》での調《しら》べ方《かた》」を読《よ》んで、答《こた》えましょう。

(1) 次《つぎ》の言葉《ことば》について説明《せつめい》している文章《ぶんしょう》を□から選《えら》んで、記号《きごう》で答《こた》えましょう。

① 百科事典《ひゃっかじてん》 □

② 見出《みだ》し語《ご》 □

③ さくいん □

㋐ 辞典《じてん》などで、行《ぎょう》の初《はじ》めに太《ふと》い文字《もじ》でしめしてある言葉《ことば》。

㋑ 本《ほん》の中《なか》にある言葉《ことば》や物事《ものごと》が、どのページにあるのかを五十音順《ごじゅうおんじゅん》などでしめしてあるもの。

㋒ あらゆる分野《ぶんや》の事《こと》がらを五十音順《ごじゅうおんじゅん》にならべ、その一《ひと》つ一《ひと》つについて説明《せつめい》した本《ほん》。

(2) 次《つぎ》の文《ぶん》は、百科事典《ひゃっかじてん》で調《しら》べるときの手順《てじゅん》について説明《せつめい》したものです。｛ ｝の中《なか》であてはまる方《ほう》の言葉《ことば》を○でかこみましょう。

① まず、調《しら》べたい事《こと》がらの見出《みだ》し語《ご》がのっている｛巻《かん》・目次《もくじ》｝をさがす。

見出《みだ》し語《ご》のさがし方《かた》には、次《つぎ》の二《ふた》つの方法《ほうほう》がある。

- それぞれの巻《かん》の｛色《いろ》・背《せ》｝からさがす。
- 「さくいん」の巻《かん》からさがす。

② 次《つぎ》に、見出《みだ》し語《ご》がのっているページをさがす。

百科事典《ひゃっかじてん》は、｛国語《こくご》・漢字《かんじ》｝辞典《じてん》のように、見出《みだ》し語《ご》が五十音順《ごじゅうおんじゅん》にならんでいるので、「柱《はしら》」や「つめ」を手《て》がかりにページをさがす。

# 伝統工芸《でんとうこうげい》のよさを伝《つた》えよう (1)

名前

教科書《きょうかしょ》の「伝統工芸《でんとうこうげい》のよさを伝《つた》えよう」を読《よ》んで、答《こた》えましょう。

(1) 次《つぎ》の文章《ぶんしょう》は、「リーフレット」について説明《せつめい》したものです。（　）にあてはまる言葉《ことば》を□から選《えら》んで書《か》きましょう。

せんでんや（　　　）などを記《しる》した（　　　）で
できたもので、二《ふた》つ折《お》りていどの（　　　）な作《つく》りのもの。

・紙《かみ》　・かんたん　・説明《せつめい》

(2) 伝統工芸《でんとうこうげい》のよさについて調《しら》べ、理由《りゆう》や例《れい》とともにリーフレットにまとめようとしています。次《つぎ》の図《ず》は、「博多《はかた》おりのよさ」について調《しら》べたことを、図《ず》で整理《せいり》してまとめた例《れい》です。①〜③にあてはまる言葉《ことば》を□から選《えら》んで書《か》きましょう。

①（　　　）

②（　　　）

③（　　　）

〈博多《はかた》おりのみりょく〉

①
・約《やく》780年続《ねんつづ》く
・けんじょう品《ひん》

②
・着物《きもの》の帯《おび》
・ゆるみにくい
・ほどきやすい
・じょうぶ

③
・きかがくもよう
・先《さき》にもようを決《き》め，そめる

・使《つか》いやすさ　・美《うつく》しさ
・れきし

（令和二年度版　光村図書　国語四下　はばたき「伝統工芸のよさを伝えよう」による）

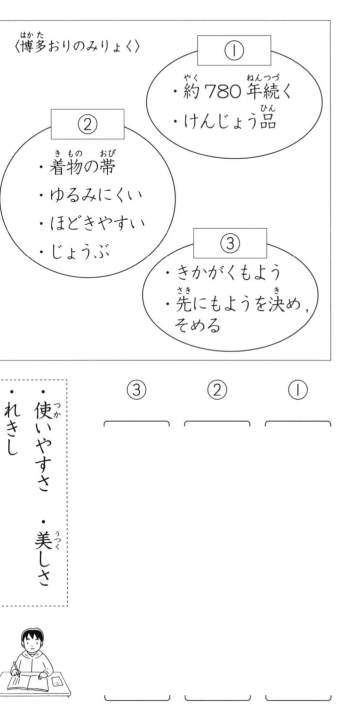

# 伝統工芸《でんとうこうげい》のよさを伝《つた》えよう (2)

名前

教科書《きょうかしょ》の「伝統工芸《でんとうこうげい》のよさを伝《つた》えよう」を読《よ》んで、答《こた》えましょう。

● 調《しら》べた「博多《はかた》おり」のよさを説明《せつめい》する文章《ぶんしょう》を書《か》く前《まえ》に、組《く》み立《た》てを考《かんが》えます。次《つぎ》の文章《ぶんしょう》の組《く》み立《た》ての例《れい》を読《よ》んで、問題《もんだい》に答《こた》えましょう。

| 初《はじ》め | 中《なか》 | 終《お》わり |
|---|---|---|
| 博多《はかた》おりの説明《せつめい》<br>博多《はかた》おりには、さまざまなみりょくがある。<br>㋐ | みりょく1「使《つか》いやすさ」について<br>・ゆるみにくく、ほどきやすい。（写真《しゃしん》①）<br>・着物《きもの》の帯《おび》に使《つか》われる。（写真《しゃしん》②）<br>・ぶしが刀《かたな》を差《さ》すときの帯《おび》にした。<br>みりょく2「美《うつく》しさ」について<br>・先《さき》にもようを決《き》め、糸《いと》をそめてから、おる。（写真《しゃしん》③）<br>・細《こま》かいきかがくもよう。（写真《しゃしん》④）<br>㋑ | まとめ<br>㋒ |

（令和二年度版　光村図書四下　国語　はばたき「伝統工芸のよさを伝えよう」による）

(1) 上《うえ》の組《く》み立《た》ての例《れい》にあてはまるものには○、あてはまらないものには×をつけましょう。

（　）「初《はじ》め」に、まとめを書《か》いている。

（　）博多《はかた》おりについての説明《せつめい》を「初《はじ》め」に書《か》いている。

（　）博多《はかた》おりのよさの理由《りゆう》としてみりょくを一《ひと》つだけ挙《あ》げている。

（　）みりょく1、2を順《じゅん》に、「中《なか》」に書《か》いている。

（　）写真《しゃしん》は一枚《いちまい》だけ使《つか》う。

（　）それぞれのみりょくの説明文《せつめいぶん》にあわせた写真《しゃしん》を使《つか》う。

(2) 組《く》み立《た》てにそって文章《ぶんしょう》を書《か》くとき、参考《さんこう》にした本《ほん》などは、「出典《しゅってん》」として、ふつう、どこにまとめて書《か》いておきますか。一《ひと》つに○をつけましょう。

（　）文章《ぶんしょう》の最初《さいしょ》（㋐）

（　）組《く》み立《た》ての「中《なか》」のあと（㋑）

（　）文章《ぶんしょう》の終《お》わり（㋒）

※出典《しゅってん》…引用《いんよう》したり参考《さんこう》にしたりした本《ほん》や資料《しりょう》のこと。

# 慣用句《かんようく》 (1)

名前

「羽《はね》をのばす」という言葉《ことば》は、本当《ほんとう》に羽《はね》をのばすわけではなく、「自由《じゆう》にのびのびする」という意味《いみ》で使《つか》われることがあります。このように、いくつかの言葉《ことば》が組《く》み合《あ》わさって、新《あたら》しい意味《いみ》をもつようになった決《き》まり文句《もんく》を「慣用句《かんようく》」といいます。

(1) 次《つぎ》の——線《せん》の慣用句《かんようく》の意味《いみ》を□から選《えら》んで、記号《きごう》で答《こた》えましょう。

① ごちそうを前《まえ》にして心《こころ》がおどる。

② 新《あたら》しくやってきた転校生《てんこうせい》とは馬《うま》が合《あ》う。

③ あの姉妹《しまい》は、うり二《ふた》つだ。

④ 宿題《しゅくだい》にとりかかって、ようやくエンジンがかかる。

ア そっくり。
イ うれしくてわくわくする。
ウ 気《き》が合《あ》う。
エ 調子《ちょうし》が出始《ではじ》める。

① □ ② □ ③ □ ④ □

(2) 次《つぎ》の慣用句《かんようく》の□には、動物《どうぶつ》の名前《なまえ》が入《はい》ります。□から選《えら》んで慣用句《かんようく》を完成《かんせい》させましょう。

① 借《か》りてきた□

【意味《いみ》】ふだんとちがっておとなしいこと。

② ふくろの□

【意味《いみ》】追《お》いつめられてどこにもにげる場所《ばしょ》がないこと。

ねずみ・ねこ

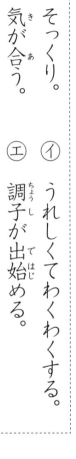

# 慣用句《かんようく》 (2)

名前

(1) 次《つぎ》の——線《せん》の慣用句《かんようく》の意味《いみ》を□から選《えら》んで、記号《きごう》で答《こた》えましょう。

① あの人《ひと》は町内《ちょうない》で顔《かお》が広《ひろ》い。

② むずかしいクイズに頭《あたま》をひねる。

③ 兄弟《きょうだい》そろってリレーの選手《せんしゅ》だなんて、鼻《はな》が高《たか》い。

① □　② □　③ □

ア 知《し》り合《あ》いがたくさんいる。
イ じまんに思《おも》う。
ウ あれこれとよく考《かんが》える。

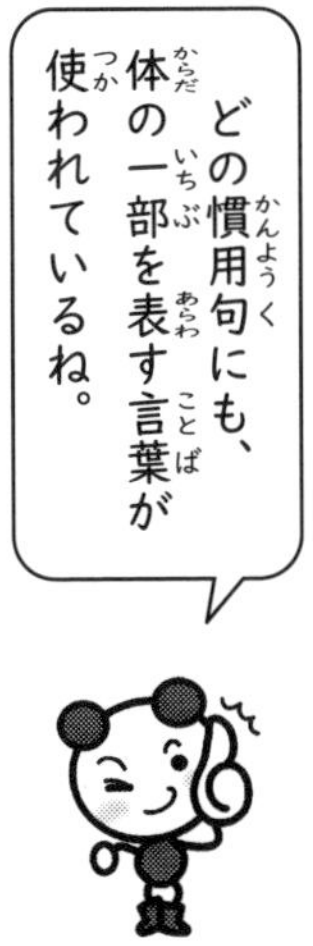


(2) 次《つぎ》の①～③が慣用句《かんようく》になるように、□にあてはまる動物《どうぶつ》を□から選《えら》んで書《か》きましょう。また、その意味《いみ》を下《した》から選《えら》んで——線《せん》でむすびましょう。

① □のなみだ　・　　・ たいへんせまい場所《ばしょ》のこと。

② □の一声《ひとこえ》　・　　・ ほんの少《すこ》ししかないこと。

③ □のひたい　・　　・ 多《おお》くの意見《いけん》をおさえこむ力《ちから》をもった人《ひと》のひとこと。

ねこ ・ すずめ ・ つる

# 慣用句《かんようく》 (3)

名前

(1) 次《つぎ》の①〜③が慣用句《かんようく》になるように、□にあてはまる体《からだ》の一部《いちぶ》を表《あらわ》す言葉《ことば》を□から選《えら》んで書《か》きましょう。また、その意味《いみ》を下《した》から選《えら》んで――線《せん》でむすびましょう。

① □がすべる　・　　・ねうちを見《み》ぬく力《ちから》がすぐれている。

② □が早《はや》い　・　　・うわさやニュースを知《し》るのが早《はや》い。

③ □が高《たか》い　・　　・うっかり言《い》ってしまう。

耳《みみ》・目《め》・口《くち》

(2) 次《つぎ》の①〜③の■には、それぞれ同《おな》じ漢字《かんじ》が入《はい》ります。次《つぎ》の言葉《ことば》が慣用句《かんようく》になるように、体《からだ》の一部《いちぶ》を表《あらわ》す漢字《かんじ》を□から選《えら》んで□に書《か》きましょう。

① □
- ■が回《まわ》る
- ■をうたがう
- ■を丸《まる》くする

② □
- ■をひねる
- ■をひやす
- ■をかかえる

③ □
- ■がすくむ
- ■がぼうになる
- ■を引《ひ》っぱる

足《あし》・目《め》・頭《あたま》

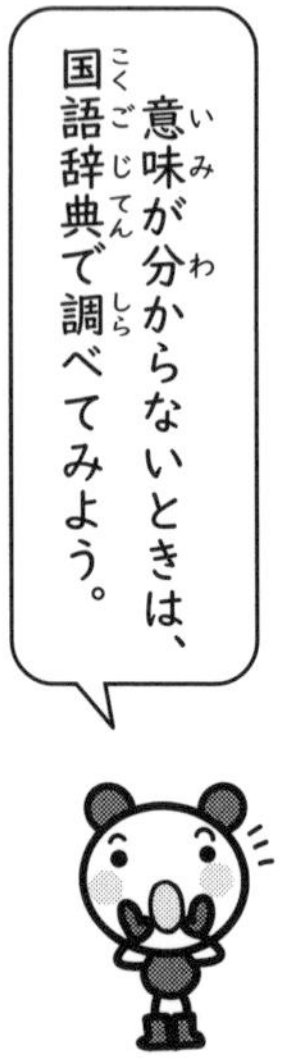

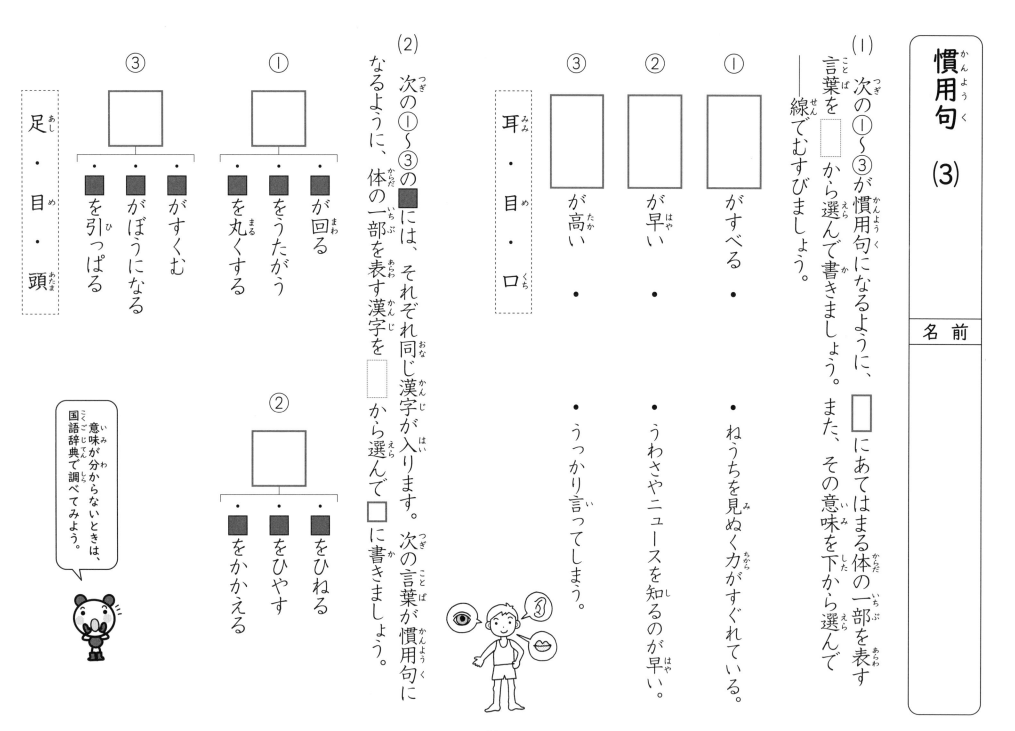

# 慣用句《かんようく》 (4)

名前

(1) 次《つぎ》の——線《せん》の慣用句《かんようく》の意味《いみ》を□から選《えら》んで、記号《きごう》で答《こた》えましょう。

① 大事《だいじ》な話《はなし》をしっかり聞《き》こうと、えりを正《ただ》す。

② 町内会長《ちょうないかいちょう》は、町《まち》のごみ問題《もんだい》にメスを入《い》れると約束《やくそく》した。

③ これまでがんばってきたことが実《み》を結《むす》ぶ。

㋐ 気持《きも》ちを引《ひ》きしめる。
㋑ よい結果《けっか》を生《う》む。
㋒ 物事《ものごと》をかいけつするために思《おも》い切《き》った方法《ほうほう》をとる。

(2) 次《つぎ》の（　）にあてはまる慣用句《かんようく》を□から選《えら》んで書《か》きましょう。

① しゅみが同《おな》じ二人《ふたり》の（　　　　）のは、かんたんだ。

② 終《お》わったことは、（　　　　）ことにした。

③ 姉《あね》が、生《う》まれたばかりの赤《あか》ちゃんの（　　　　）。

水《みず》に流《なが》す ・ 世話《せわ》を焼《や》く ・ 仲《なか》を取《と》りもつ

# 短歌《たんか》・俳句《はいく》に親《した》しもう（二）

## 短歌《たんか》（1）

名前

短歌《たんか》は、五《ご》・七《しち》・五《ご》・七《しち》・七《しち》の三十一音《さんじゅういちおん》で作《つく》られた短《みじか》い詩《し》です。

● 次《つぎ》の短歌《たんか》とその意味《いみ》を二回《にかい》読《よ》んで、答《こた》えましょう。

晴《は》れし空仰《そらあお》げばいつも
口笛《くちぶえ》を吹《ふ》きたくなりて
吹《ふ》きてあそびき

石川《いしかわ》　啄木《たくぼく》

（意味《いみ》）
晴《は》れた空《そら》を見上《みあ》げると、いつも口笛《くちぶえ》を吹《ふ》きたくなって、それを吹《ふ》いて遊《あそ》んでいた。

(1) 上《うえ》の短歌《たんか》を、言葉《ことば》の調子《ちょうし》のいいところで五《いつ》つの部分《ぶぶん》に分《わ》けて、ひらがなで書《か》きましょう。

(2) 晴《は》れた空《そら》を見上《みあ》げると、いつも何《なに》を吹《ふ》きたくなるとうたっていますか。

（令和二年度版　光村図書　国語四下　はばたき「短歌・俳句に親しもう（二）」による）

# 短歌《たんか》・俳句《はいく》に親《した》しもう（二）

## 短歌《たんか》(2)

名前

● 次《つぎ》の短歌《たんか》とその意味《いみ》を二回《にかい》読《よ》んで、答《こた》えましょう。

### 1

金色《きんいろ》のちひ《(い)》さき鳥《とり》のかたちして銀杏《いちょう》ちるなり夕日《ゆうひ》の岡《おか》に

与謝野《よさの》　晶子《あきこ》

（意味《いみ》）
金色《きんいろ》にかがやく小《ちい》さな鳥《とり》のような形《かたち》をして、銀杏《いちょう》の葉《は》が散《ち》っている。
夕日《ゆうひ》の差《さ》す岡《おか》の上《うえ》に。

（令和二年度版　光村図書　国語四下　はばたき「短歌・俳句に親しもう（二）」による）

(1) 右《みぎ》の短歌《たんか》は、どこで区切《くぎ》ると調子《ちょうし》よく読《よ》めますか。四《よん》か所《しょ》に／線《せん》を書《か》き入《い》れましょう。

(2) 作者《さくしゃ》は、銀杏《いちょう》の葉《は》の形《かたち》を何《なに》に例《たと》えていますか。

［　　　　］にかがやく小《ちい》さな［　　　　］

### 2

ゆく秋《あき》の大和《やまと》の国《くに》の薬師寺《やくしじ》の塔《とう》の上《うえ》なる一《ひと》ひらの雲《くも》

佐佐木《ささき》　信綱《のぶつな》

（意味《いみ》）
秋《あき》も終《お》わりのころの大和《やまと》の国《くに》（今《いま》の奈良県《ならけん》）にある薬師寺《やくしじ》。
その塔《とう》を見上《みあ》げると、すんだ空《そら》に一片《いっぺん》の雲《くも》がうかんでいる。

（令和二年度版　光村図書　国語四下　はばたき「短歌・俳句に親しもう（二）」による）

(1) 右《みぎ》の短歌《たんか》は、どこで区切《くぎ》ると調子《ちょうし》よく読《よ》めますか。四《よん》か所《しょ》に／線《せん》を書《か》き入《い》れましょう。

(2) 右《みぎ》の短歌《たんか》は、「の」のくり返《かえ》しがリズムを生《う》んでいます。短歌《たんか》の中《なか》の「の」の字《じ》を、○でかこみましょう。

# 短歌《たんか》・俳句《はいく》に親《した》しもう（二）

## 俳句《はいく》（1）

名前

俳句《はいく》は、五《ご》・七《しち》・五《ご》の十七音《じゅうしちおん》で作《つく》られた短《みじか》い詩《し》です。
ふつうは、「季語《きご》」という、季節《きせつ》を表《あらわ》す言葉《ことば》が入《はい》っています。

● 次《つぎ》の俳句《はいく》とその意味《いみ》を二回《にかい》読《よ》んで、答《こた》えましょう。

柿《かき》くへ（え）ば鐘《かね》が鳴《な》るなり法隆寺《ほうりゅうじ》

正岡《まさおか》　子規《しき》

（意味《いみ》）

柿《かき》を食《た》べていると、ちょうどそのとき、鐘《かね》の音《おと》がひびいてきた。ああ、法隆寺《ほうりゅうじ》の鐘《かね》だ。

(1) 上《うえ》の俳句《はいく》を、言葉《ことば》の調子《ちょうし》のいいところで三《みっ》つの部分《ぶぶん》に分《わ》けて、ひらがなで書《か》きましょう。

(2) 俳句《はいく》の季語《きご》（季節《きせつ》を表《あらわ》す言葉《ことば》）を、ひらがなで書《か》きましょう。

(3) 季節《きせつ》は、春《はる》・夏《なつ》・秋《あき》・冬《ふゆ》のうち、いつですか。

（令和二年度版　光村図書　国語四下　かがやき「短歌・俳句に親しもう（二）」による）

# 短歌《たんか》・俳句《はいく》に親《した》しもう（二）

## 俳句《はいく》（2）

名前

● 次《つぎ》の俳句《はいく》とその意味《いみ》を二回《にかい》読《よ》んで、答《こた》えましょう。

1

桐一葉《きりひとは》日当《ひあ》たりながら落《お》ちにけり　高浜《たかはま》　虚子《きょし》

（意味《いみ》）
桐《きり》の葉《は》が一《いち》まい、秋《あき》の日《ひ》の
光《ひかり》に照《て》らされながら、落《お》ちた。

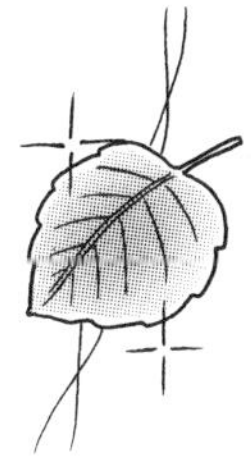

※〈季語《きご》〉桐一葉《きりひとは》

2

外《と》にも出《で》よ触《ふ》るるばかりに春《はる》の月《つき》　中村《なかむら》　汀女《ていじょ》

（意味《いみ》）
外《そと》に出《で》てごらんなさい。
手《て》をのばせばさわれそうな、
大《おお》きな春《はる》の月《つき》が出《で》ているよ。

1 上《うえ》の俳句《はいく》を、五音《ごおん》・七音《しちおん》・五音《ごおん》の、三《みっ》つの部分《ぶぶん》に分《わ》けて、ひらがなで書《か》きましょう。

2 (1) 上《うえ》の俳句《はいく》を、五音《ごおん》・七音《しちおん》・五音《ごおん》の、三《みっ》つの部分《ぶぶん》に分《わ》けて、ひらがなで書《か》きましょう。

(2) 俳句《はいく》から季語《きご》（季節《きせつ》を表《あらわ》す言葉《ことば》）を三文字《さんもじ》で書《か》きましょう。

（令和二年度版　光村図書　国語四下　はばたき「短歌・俳句に親しもう（二）」による）

# プラタナスの木《き》　(1)

名前

● 教科書《きょうかしょ》の「プラタナスの木《き》」の全文《ぜんぶん》を読《よ》んだ後《あと》、次《つぎ》の文章《ぶんしょう》を二回読《にかいよ》んで、答《こた》えましょう。

1

〔マーちんたちがプラタナス公園《こうえん》でサッカーをしていると、一人《ひとり》のおじいさんがやって来《き》て、にこにこしながらマーちんたちのサッカーをながめるようになった。〕

　そのうちに、マーちんたちとおじいさんはだんだん親《した》しくなり、サッカーにつかれると、みんなプラタナスの木《き》の下《した》に集《あつ》まって、おじいさんと話《はなし》をするようになった。

2

　おじいさんが「みんな水《みず》をもっとたくさん飲《の》んで、少《すこ》し日《ひ》かげに入《はい》って休《やす》まないと熱中症《ねっちゅうしょう》になるよ。」と言《い》ったのがきっかけだった。太陽《たいよう》の光《ひかり》が夏《なつ》に向《む》かってずんずん強《つよ》くなり、大《おお》きな葉《は》のプラタナスの木《き》の下《した》が、とてもよい日《ひ》かげになるのだ。

　おじいさんの話《はなし》はいつもおもしろかった。

（令和二年度版　光村図書　国語四下　はばたき　椎名《しいな》　誠《まこと》）

1

(1) マーちんたちがだんだん親《した》しくなった人《ひと》は、だれですか。

（　　　　）

(2) マーちんたちは、どこに集《あつ》まって、おじいさんと話《はなし》をするようになりましたか。

（　　　　）

2

(1) 太陽《たいよう》の光《ひかり》が強《つよ》くなると、プラタナスの木《き》の下《した》は、どんなところになりますか。

（とてもよい□□□）

(2) 何《なに》がいつもおもしろかったのですか。

（　　　　）

# プラタナスの木《き》 (2)

名前

● 次《つぎ》の文章《ぶんしょう》を二回《にかい》読《よ》んで、答《こた》えましょう。

1

ある日《ひ》、おじいさんは㋐不思議《ふしぎ》なことを言《い》った。

「このプラタナスの木《き》が、さか立《だ》ちしているところを考《かんが》えたことがあるかい。」

「あらま。木《き》がさか立《だ》ち。」

アラマちゃんが、いつものようにおどろいた。

2

「そう。この木《き》がさか立《だ》ちするだろう。すると、木《き》のみきや枝葉《えだは》と同《おな》じぐらいの大《おお》きさの根《ね》が出《で》てくるんだよ。

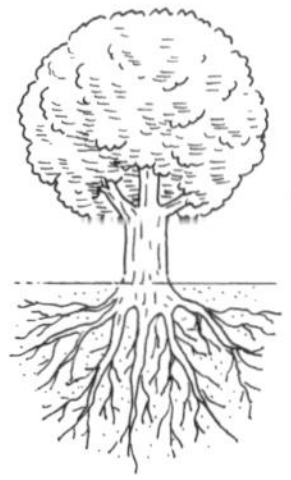

木《き》というのは、上《うえ》に生《は》えている枝《えだ》や葉《は》をささえるために、土《つち》の中《なか》でそれと同《おな》じぐらい大《おお》きな根《ね》が広《ひろ》がって、水分《すいぶん》や養分《ようぶん》を送《おく》っているんだ。」

「どの木《き》もみんなそうなんですか。」

今度《こんど》は、花島君《はなじまくん》がマーちゃんの頭《あたま》ごしにきいた。

※頭《あたま》ごしに…前《まえ》にいる人《ひと》（マーちゃん）の頭《あたま》の上《うえ》から。

（令和二年度版　光村図書　国語四下　はばたき　椎名《しいな》　誠《まこと》）

1 ㋐不思議《ふしぎ》なこととは、おじいさんが言《い》ったどんな言葉《ことば》のことですか。文中《ぶんちゅう》から書《か》き出《だ》しましょう。

2 (1) 木《き》がさか立《だ》ちすると、何《なに》が出《で》てくるとおじいさんは言《い》っていますか。

木《き》のみきや枝葉《えだは》と［　　］ぐらいの大《おお》きさの［　　］。

(2) 木《き》が土《つち》の中《なか》で大《おお》きな根《ね》を広《ひろ》げて水分《すいぶん》や養分《ようぶん》を送《おく》っているのは、何《なん》のためですか。文中《ぶんちゅう》から書《か》き出《だ》しましょう。（習《なら》っていない漢字《かんじ》はひらがなで書《か》きましょう。）

# プラタナスの木《き》 (3)

名前

● 次《つぎ》の文章《ぶんしょう》を二回《にかい》読《よ》んで、答《こた》えましょう。

1

「たいていの木《き》は、大《おお》きな根《ね》が地面《じめん》の下《した》にぎっしり広《ひろ》がっているのさ。だから、このプラタナスの木《き》が公園全体《こうえんぜんたい》を守《まも》っている、といってもいいくらいだ。もし、地上《ちじょう》のみきや枝葉《えだは》がなくなったら、根《ね》は水分《すいぶん》や養分《ようぶん》を送《おく》れなくてこまってしまうんだ。」

2

マーちゃんと花島君《はなじまくん》とクニスケは「㋐ふうん。」と同《おな》じような声《こえ》を出《だ》したが、アラマちゃんはやっぱり「あらま。」と言《い》った。

それにしても、㋑木《き》の根《ね》がこまってしまうなんて、初《はじ》めて聞《き》く話《はなし》だ。おじいさんの話《はなし》を聞《き》いていると、おじいさんは、公園《こうえん》のできるずっと前《まえ》からプラタナスのことを知《し》っているみたいだ。

（令和二年度版　光村図書　国語四下　はばたき　椎名《しいな》　誠《まこと》）

1

(1) たいていの木《き》の、何《なに》が地面《じめん》の下《した》に広《ひろ》がっていると、おじいさんは言《い》っていますか。

［　　　　］

(2) もし、木《き》のみきや枝葉《えだは》がなくなったら、木《き》の根《ね》はどうなってしまうとおじいさんは言《い》っていますか。

水分《すいぶん》や養分《ようぶん》を送《おく》れなくて［　　　　］しまう。

2

(1) ㋐「ふうん。」と言《い》ったのは、だれですか。すべて選《えら》んで○をつけましょう。

（　）マーちゃん

（　）花島君《はなじまくん》

（　）クニスケ

（　）アラマちゃん

(2) おじいさんの、㋑木《き》の根《ね》がこまってしまうという話《はなし》は、マーちゃんたちにとって、どんな話《はなし》でしたか。

［　　　　］

# プラタナスの木《き》 (4)

名前

● 次《つぎ》の文章《ぶんしょう》を二回《にかい》読《よ》んで、答《こた》えましょう。

1

〔夏休《なつやす》みに入《はい》って、一人残《ひとりのこ》ったマーちゃんがプラタナス公園《こうえん》に行《い》くと、おじいさんもやって来《き》た。〕

マーちゃんは、自分《じぶん》ももうすぐお父《とう》さんのふるさとに行《い》くので、夏休《なつやす》みが終《お》わったら、またみんなで来《く》るから、と言《い》った。

「お父《とう》さんのふるさとには、木《き》がいっぱいあるだろう。㋐みんなによろしく。」

おじいさんは、にっこり笑《わら》った。

2

夏休《なつやす》みも半《なか》ばというころ、マーちゃんは、祖父母《そふぼ》の家《いえ》にいた。家《いえ》の周《まわ》りには森《もり》が広《ひろ》がっている。森《もり》にはいろいろな木《き》や草《くさ》が生《は》え、鳥《とり》やせみの声《こえ》が満《み》ちていた。森《もり》と森《もり》の間《あいだ》には小川《おがわ》が流《なが》れ、小《ちい》さな魚《さかな》が、ときどき白《しろ》いはらを見《み》せてきらりと光《ひか》った。マーちゃんは、この森《もり》の中《なか》で毎日走《まいにちはし》り回《まわ》って遊《あそ》んだ。

（令和二年度版　光村図書　国語四下　ははたき　椎名《しいな》　誠《まこと》）

1

(1) マーちゃんは、もうすぐどこに行《い》くと、おじいさんに言《い》いましたか。

(2) おじいさんが言《い》った㋐みんなとは、何《なん》のことですか。○をつけましょう。

（　）お父《とう》さんのふるさとの家《いえ》の人《ひと》。

（　）お父《とう》さんのふるさとにいっぱいある木《き》。

2

(1) 祖父母《そふぼ》の家《いえ》の周《まわ》りに広《ひろ》がる森《もり》は、どんな様子《ようす》ですか。文中《ぶんちゅう》から一文《いちぶん》を書《か》き出《だ》しましょう。

(2) 森《もり》と森《もり》の間《あいだ》には、何《なに》が流《なが》れていましたか。

# プラタナスの木《き》 (5)

名前

● 次《つぎ》の文章《ぶんしょう》を二回《にかい》読《よ》んで、答《こた》えましょう。

1

マーちゃんが祖父母《そふぼ》の家《いえ》に来《き》て一週間《いっしゅうかん》ほどたった㋐ある日《ひ》、大《おお》きな台風《たいふう》が森《もり》をおそった。森《もり》はおこったようにゆれ、小川《おがわ》は濁流《だくりゅう》となってあばれた。鳥《とり》やせみも、どこかにすがたを消《け》した。

※濁流《だくりゅう》…にごった水《みず》のはげしい流《なが》れ。

2

テレビは、今年《ことし》いちばんの強《つよ》い台風《たいふう》だと伝《つた》えている。早々《はやばや》とふとんに入《はい》ったマーちゃんは、ゴーゴー鳴《な》りひびく台風《たいふう》の音《おと》を聞《き》きながら、プラタナス公園《こうえん》のおじいさんの顔《かお》を思《おも》いうかべた。最初《さいしょ》ははっきりしていたおじいさんのえがおが、しだいにぼんやりとしていく。マーちゃんは、いつしか深《ふか》いねむりに落《お》ちていった。

※しだいに…だんだん。　※いつしか…いつのまにか。

（令和二年度版　光村図書　国語四下　はばたき　椎名《しいな》　誠《まこと》）

1

(1) ㋐ある日《ひ》、何《なに》が森《もり》をおそいましたか。

(2) 台風《たいふう》のときの森《もり》や小川《おがわ》は、どんな様子《ようす》でしたか。

森《もり》は□□□□ようにゆれ、小川《おがわ》は濁流《だくりゅう》となって□□□□。

2

(1) 台風《たいふう》は、どんな音《おと》をさせて鳴《な》りひびいていましたか。

(2) ふとんに入《はい》ったマーちゃんが台風《たいふう》の音《おと》を聞《き》きながら思《おも》いうかべたものは、何《なん》でしたか。

# プラタナスの木《き》 (6)

名前

● 次《つぎ》の文章《ぶんしょう》を二回読《にかいよ》んで、答《こた》えましょう。

1

一夜明《いちやあ》けると、台風《たいふう》は通《とお》りすぎていた。青《あお》く晴《は》れ上《あ》がった空《そら》の下《した》で、あんなにゆれていた森《もり》は、今《いま》は静《しず》かに太陽《たいよう》の光《ひかり》を受《う》けてぴかぴかかがやいている。小川《おがわ》はまだ濁流《だくりゅう》のままだったけれど、鳥《とり》やせみはうれしそうに鳴《な》き始《はじ》めている。

2

マーちんは、おじいさんの言葉《ことば》を思《おも》い出《だ》した。森《もり》の一本一本《いっぽんいっぽん》の木《き》の下《した》には、それと同《おな》じぐらい大《おお》きな根《ね》が広《ひろ》がっている。マーちんには、なぜか今《いま》、それが㋐はっきりと見《み》えるような気《き》がする。だから、強《つよ》い風《かぜ》がふいても木《き》はかんたんにはたおれたりしないし、森《もり》もくずれたりしないのだ。一本一本《いっぽんいっぽん》の木《き》とその根《ね》が、ずっと昔《むかし》から森全体《もりぜんたい》を守《まも》り、祖父母《そふぼ》の家《いえ》だって守《まも》ってきたのだ。

（令和二年度版　光村図書　国語四下　はばたき　椎名《しいな》　誠《まこと》）

1

台風《たいふう》が通《とお》りすぎたあとの森《もり》は、どんな様子《ようす》ですか。

[　][　]に太陽《たいよう》の光《ひかり》を受《う》けて[　][　][　][　]かがやいている。

2

(1) マーちんは、だれの言葉《ことば》を思《おも》い出《だ》しましたか。

(2) マーちんに、何《なに》が㋐はっきりと見《み》えるような気《き》がしたのですか。

森《もり》の一本一本《いっぽんいっぽん》の[　]の下《した》に広《ひろ》がる[　][　][　][　]。

(3) 何《なに》が、昔《むかし》から森全体《もりぜんたい》や祖父母《そふぼ》の家《いえ》を守《まも》ってきたのだと、マーちんは気《き》がつきましたか。

# 感動《かんどう》を言葉《ことば》に（およぐ）

名前

● 次《つぎ》の詩《し》を二回《にかい》読《よ》んで、答《こた》えましょう。

およぐ

谷川《たにかわ》 俊太郎《しゅんたろう》

1

みずがいやだって ぼくないた
そしたら めから なみだがでてきた
へんだな ぼくのなかにも
みずがある

2

みずがこわいって ぼくないた
そしたら のどが かわいてきて——
へんだな みずが
のみたくなっちゃった

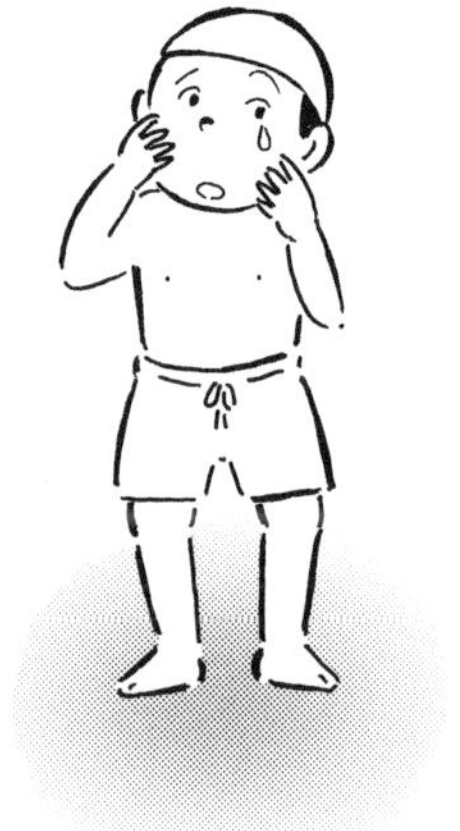

（令和二年度版 光村図書 国語四下 はばたき 谷川俊太郎）

(1) 「ぼく」は、何《なん》と言《い》ってなきましたか。1（一連目《いちれんめ》）と2（二連目《にれんめ》）からそれぞれ六文字《ろくもじ》で書《か》き出《だ》しましょう。

1 ［　　　　　　］

2 ［　　　　　　］

(2) 1（一連目《いちれんめ》）と2（二連目《にれんめ》）の両方《りょうほう》にある言葉《ことば》を三《みっ》つ選《えら》んで○をつけましょう。

（　）ぼくないた　（　）そしたら
（　）なみだ　（　）へんだな
（　）ぼくのなか　（　）のど

(3) この詩《し》で「みず」と表現《ひょうげん》されているものは何《なん》ですか。三《みっ》つ書《か》きましょう。（題名《だいめい》や詩《し》の中《なか》の言葉《ことば》を書《か》き入《い》れましょう。）

海《うみ》やプールなどにある［　　　］ための水《みず》。

目《め》から出《で》てくる［　　　］。

のどがかわいたときに飲《の》む［のみ］水《みず》。

季節《きせつ》の言葉《ことば》4

# 冬《ふゆ》の楽《たの》しみ (1)

名前

(1) 次《つぎ》の説明《せつめい》に合《あ》う、冬《ふゆ》に関係《かんけい》する行事《ぎょうじ》の名前《なまえ》や言葉《ことば》を□から選《えら》んで書《か》きましょう。（習《なら》っていない漢字《かんじ》は、ひらがなで書《か》きましょう。）

① 新年《しんねん》。お正月《しょうがつ》のこと。

② 立春《りっしゅん》の前日《ぜんじつ》。（二月三日《にがつみっか》ごろ）豆《まめ》まきをする。

③ 一年《いちねん》で最《もっと》も昼《ひる》の時間《じかん》が短《みじか》い日《ひ》。（十二月二十二日《じゅうにがつにじゅうににち》ごろ）

④ 一年《いちねん》の最後《さいご》の日《ひ》。（十二月三十一日《じゅうにがつさんじゅういちにち》）

・大《おお》みそか　・節分《せつぶん》　・新春《しんしゅん》　・冬至《とうじ》

(2) 次《つぎ》の行事《ぎょうじ》に関係《かんけい》が深《ふか》い言葉《ことば》を□から二《ふた》つずつ選《えら》んで書《か》きましょう。

① お正月《しょうがつ》

② 大《おお》みそか

・おせち　・年《とし》こしそば　・じょやのかね　・ぞうに

季節《きせつ》の言葉《ことば》2

# 冬《ふゆ》の楽《たの》しみ (2)

名前

(1) 次《つぎ》の文《ぶん》は、「じょやのかね」「七草《ななくさ》がゆ」という言葉《ことば》を説明《せつめい》しているものです。（　）にあてはまる言葉《ことば》を□から選《えら》んで書《か》きましょう。

① じょやのかね

十二月三十一日《じゅうにがつさんじゅういちにち》の（　　　　）の日《ひ》、夜中《よなか》の十二時《じゅうにじ》をはさんで、お寺《てら》で（　　　　）を百八回《ひゃくはちかい》つく。

② 七草《ななくさ》がゆ

正月七日《しょうがつなのか》に（　　　　）を入《い》れたおかゆのこと。一年《いちねん》の健康《けんこう》をねがって食《た》べる。

・かね　・春《はる》の七草《ななくさ》　・大《おお》みそか

(2) 次《つぎ》の俳句《はいく》を二回読《にかいよ》んで、答《こた》えましょう。

わがこゑ《え》ののこれる耳《みみ》や福《ふく》は内《うち》

飯田《いいだ》　蛇笏《だこつ》

（令和二年度版　光村図書　国語四下　はばたき「冬の楽しみ」による）

① 上《うえ》の俳句《はいく》を五《ご》・七《しち》・五《ご》の三《みっ》つの部分《ぶぶん》に分《わ》けて、ひらがなで書《か》きましょう。

② 何《なん》という冬《ふゆ》の行事《ぎょうじ》のことを書《か》いた俳句《はいく》ですか。○をつけましょう。

（　）冬至《とうじ》　（　）節分《せつぶん》

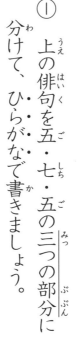

# 自分《じぶん》だけの詩集《ししゅう》を作《つく》ろう (まんげつ／月《つき》) (1)

名前

● 次《つぎ》の詩《し》を二回《にかい》読《よ》んで、答《こた》えましょう。

1

まんげつ

みずかみ　かずよ

でっかいつきだ
セメントこうばの　えんとつおして
のんのん　のん　のん　のん
ぼくのかたにのっかりそうだ

(令和二年度版　光村図書　国語四下　はばたき　みずかみ　かずよ)

2

月《つき》

こやま　峰子《みねこ》

雲《くも》のうんだ　たまご

(令和二年度版　光村図書　国語四下　はばたき　こやま　峰子)

1

(1) 「えんとつおして」るのは、何《なん》ですか。詩《し》の中《なか》の言葉《ことば》六文字《ろくもじ》で答《こた》えましょう。

(2) 同《おな》じ言葉《ことば》のくり返《かえ》しで表現《ひょうげん》しているまんげつの様子《ようす》を書《か》き出《だ》しましょう。

(3) まんげつは近《ちか》づいてきて、どこにのっかりそうに見《み》えますか。

2

(1) 詩《し》の中《なか》の「たまご」とは、何《なん》のことですか。漢字《かんじ》一文字《ひともじ》で書《か》きましょう。

(2) この詩《し》の月《つき》は、どんな様子《ようす》だと考《かんが》えられますか。一《ひと》つに○をつけましょう。

(　)三日月《みかづき》
(　)半月《はんげつ》
(　)満月《まんげつ》

# 自分《じぶん》だけの詩集《ししゅう》を作《つく》ろう (2)
（つき）

名前

● 次《つぎ》の詩《し》を二回《にかい》読《よ》んで、答《こた》えましょう。

## つき

谷川《たにかわ》 俊太郎《しゅんたろう》

1

つきに　いかないか
ぼくと　いっしょに
つきに　いかないか
おだんご　もって

2

つきに　いかないか
はらが　たつとき
つきに　いかないか
ちきゅうを　ながめに

（令和二年度版　光村図書　国語四下　はばたき　谷川　俊太郎）

(1) 何連《なんれん》で書《か》かれた詩《し》ですか。

(2) 詩《し》の中《なか》で四回《よんかい》くり返《かえ》されている一行《いちぎょう》を書《か》き出《だ》しましょう。

(3) 「つきに　いかないか」とは、読《よ》む人《ひと》にどのように言《い》っている言葉《ことば》ですか。○をつけましょう。

（　）読《よ》む人《ひと》に語《かた》りかけ、さそっているような言葉《ことば》。

（　）読《よ》む人《ひと》に命令《めいれい》している言葉《ことば》。

(4) 1（第一連《だいいちれん》）で、何《なに》をもって月《つき》にいっしょに行《い》こうといっていますか。

(5) 2（第二連《だいにれん》）で、何《なに》をしに月《つき》に行《い》こうといっていますか。詩《し》の中《なか》の一行《いちぎょう》を書《か》き出《だ》しましょう。

# 熟語《じゅくご》の意味《いみ》 (1)

名前

(1) 次《つぎ》の熟語《じゅくご》を、〈例《れい》〉にならって、訓《くん》を手《て》がかりにして意味《いみ》が分《わ》かるように書《か》きましょう。また、訓読《くんよ》みしたときの読《よ》みがなを（　）に書《か》きましょう。

〈例《れい》〉 等分《とうぶん》

（ひと）（わ）

等しく分ける

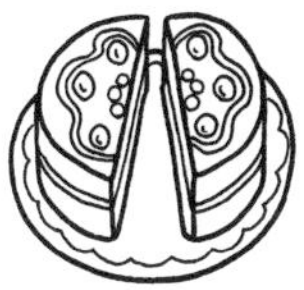

① 木刀《ぼくとう》 （　）（　） □の□

② 流星《りゅうせい》 （　）（　） □れる□

③ 同時《どうじ》 （　）（　） □じ□

④ 伝言《でんごん》 （　）（　） □えて□う

(2) 訓《くん》を手《て》がかりにして、次《つぎ》の熟語《じゅくご》の意味《いみ》が分《わ》かるように書《か》きましょう。

① 人力《じんりき》

② 竹林《ちくりん》

③ 深海《しんかい》

# 熟語《じゅくご》の意味《いみ》 (2)

名前

● 熟語《じゅくご》には、次《つぎ》のような組《く》み合《あ》わせがあります。①〜④の組《く》み合《あ》わせにあてはまる熟語《じゅくご》をそれぞれ□から選《えら》んで書《か》きましょう。

① にた意味《いみ》をもつ漢字《かんじ》の組《く》み合《あ》わせ
〈例《れい》〉加入《かにゅう》（加《くわ》わる・入《はい》る）

② 反対《はんたい》の意味《いみ》をもつ漢字《かんじ》の組《く》み合《あ》わせ
〈例《れい》〉高低《こうてい》（高《たか》い・低《ひく》い）

③ 上《うえ》の漢字《かんじ》が下《した》の漢字《かんじ》を修飾《しゅうしょく》する関係《かんけい》にある組《く》み合《あ》わせ
〈例《れい》〉前進《ぜんしん》（前《まえ》に進《すす》む）、老木《ろうぼく》（老《お》いた木《き》）

④ 「――を」「――に」に当《あ》たる意味《いみ》の漢字《かんじ》が下《した》に来《く》る組《く》み合《あ》わせ
〈例《れい》〉読書《どくしょ》（書《しょ》を読《よ》む）、帰国《きこく》（国《くに》に帰《かえ》る）

明暗《めいあん》・消火《しょうか》
岩石《がんせき》・白紙《はくし》

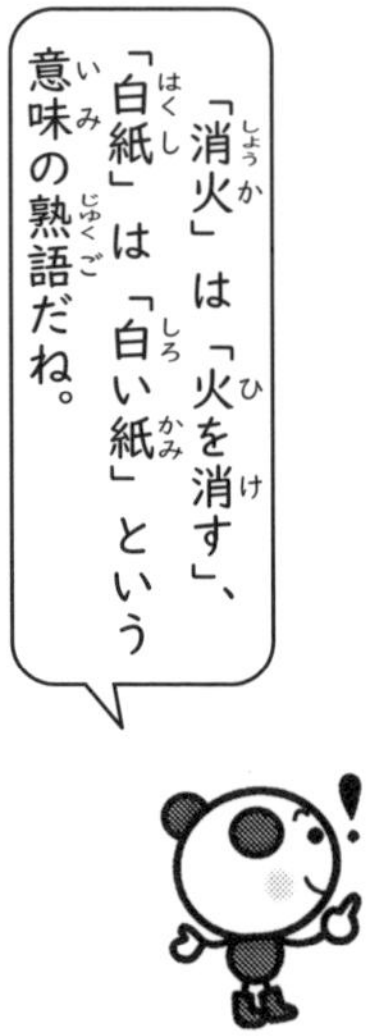

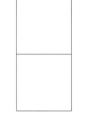

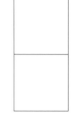

# 熟語《じゅくご》の意味《いみ》 (3)

名前

(1) 上《うえ》と下《した》の□から、にた意味《いみ》をもつ漢字《かんじ》を一《ひと》つずつ選《えら》んで、熟語《じゅくご》を作《つく》りましょう。また、できた熟語《じゅくご》の読《よ》みがなを（　）に書《か》きましょう。

願・消・周

辺・失・望

周辺（しゅうへん）

（　　　）

（　　　）

(2) 上《うえ》と下《した》の□から、反対《はんたい》の意味《いみ》をもつ漢字《かんじ》を一《ひと》つずつ選《えら》んで、熟語《じゅくご》を作《つく》りましょう。また、できた熟語《じゅくご》の読《よ》みがなを（　）に書《か》きましょう。

売・強・勝

敗・買・弱

（　　　）

（　　　）

（　　　）

# 熟語《じゅくご》の意味《いみ》 (4)

名前

(1) 次《つぎ》の熟語《じゅくご》と漢字《かんじ》の組《く》み合《あ》わせが同《おな》じものを[　]から選《えら》んで書《か》きましょう。
また、その熟語《じゅくご》の読《よ》みがなを（　）に書《か》きましょう。

① 加入《かにゅう》　[　][　]（　）（　）

② 高低《こうてい》　[　][　]（　）（　）

③ 前進《ぜんしん》　[　][　]（　）（　）

④ 読書《どくしょ》　[　][　]（　）（　）

右折・軽重・登山・運送

(2) 漢字《かんじ》の組《く》み合《あ》わせを手《て》がかりにして、次《つぎ》の熟語《じゅくご》の意味《いみ》が分《わ》かるように（　）に言葉《ことば》を書《か》きましょう。

① 明暗《めいあん》　明《あか》るい・（　）

② 白紙《はくし》　（　）紙《かみ》

③ 消火《しょうか》　火《ひ》を（　）

# ウナギのなぞを追《お》って（１）

名前

● 次《つぎ》の文章《ぶんしょう》を二回《にかい》読《よ》んで、答《こた》えましょう。

1

今年《ことし》もマリアナの海《うみ》にやって来《き》ました。日本《にほん》から真南《まみなみ》に二千《にせん》キロメートル、周《まわ》りに島《しま》一《ひと》つ見《み》えない海《うみ》の真《ま》ん中《なか》です（図《ず》１）。

図《ず》1

2

毎年《まいとし》のように㋐ここにやって来《く》るのは、ウナギがどんな一生《いっしょう》を送《おく》る生《い》き物《もの》なのかを調査《ちょうさ》するためです。あざやかなぐんじょう色《いろ》の海《うみ》は、白《しろ》い船体《せんたい》を青《あお》くそめてしまいそうです。

※ウナギ…ここでは、日本《にほん》や中国《ちゅうごく》、台湾《たいわん》、韓国《かんこく》に分布《ぶんぷ》するウナギ（ニホンウナギ）を指《さ》す。
※ぐんじょう色《いろ》…あざやかな、こい青色《あおいろ》。

（令和二年度版　光村図書　国語四下　はばたき　塚本《つかもと》　勝巳《かつみ》）

1

(1) 今年《ことし》も、何《なん》という場所《ばしょ》にやって来《き》ましたか。

(2) マリアナの海《うみ》は、日本《にほん》からどの方角《ほうがく》に二千《にせん》キロメートルのところにありますか。

2

(1) ㋐ここことは、どこのことですか。一《ひと》つに○をつけましょう。

（　）マリアナの海《うみ》。
（　）日本《にほん》。
（　）日本《にほん》から遠《とお》くはなれた島《しま》。

(2) 毎年《まいとし》のように㋐ここにやって来《く》るのは、何《なん》のためですか。文中《ぶんちゅう》から書《か》き出《だ》しましょう。

※「日本《にほん》」は「にっぽん」とも読《よ》みます。

# ウナギのなぞを追《お》って (2)

名前

● 次《つぎ》の文章《ぶんしょう》を二回《にかい》読《よ》んで、答《こた》えましょう。

1

〔ウナギの調査《ちょうさ》のために、毎年《まいとし》のようにマリアナの海《うみ》に来ています。〕

ウナギは、日本各地《にほんかくち》の川《かわ》や池《いけ》にすんでいます。それなのに、なぜ、はるか南《みなみ》の海《うみ》にまで調査《ちょうさ》に来《く》るのか、㋐不思議《ふしぎ》に思《おも》う人《ひと》もいるでしょう。

2

実《じつ》は、ここが、日本中《にほんじゅう》のウナギが集《あつ》まってきて、いっせいにたまごを産《う》む場所《ばしょ》なのです。㋑ここで生《う》まれたウナギの赤《あか》ちゃんは、海流《かいりゅう》に流《なが》され、しだいに成長《せいちょう》しながら、はるばる日本《にほん》にやって来《き》ます。

※海流《かいりゅう》…決《き》まった方向《ほうこう》へ進《すす》む、海水《かいすい》の流《なが》れのこと。
※はるばる…遠《とお》くはなれたところから来《く》るようす。

（令和二年度版　光村図書　国語四下　はばたき　塚本《つかもと》　勝巳《かつみ》）

1 どんなことを、㋐不思議《ふしぎ》に思《おも》う人《ひと》もいるというのですか。

ウナギは、（　　　）各地《かくち》の川《かわ》や池《いけ》にすんでいるのに、（　　　）、はるか南《みなみ》の海《うみ》にまで（　　　）に来《く》るのかということ。

2 (1) 日本《にほん》からマリアナの海《うみ》に調査《ちょうさ》に来《く》るのは、なぜですか。

実《じつ》は、マリアナの海《うみ》が、（　　　）が集《あつ》まってきて、いっせいに（　　　）場所《ばしょ》だから。

(2) ㋑ここと は、どこのことですか。○をつけましょう。

（　）マリアナの海《うみ》。
（　）日本《にほん》。

※「日本《にほん》」は「にっぽん」とも読《よ》みます。

# ウナギのなぞを追《お》って (3)

名前

● 次《つぎ》の文章《ぶんしょう》を二回《にかい》読《よ》んで、答《こた》えましょう。

1

［マリアナの海《うみ》は、日本中《にほんじゅう》のウナギが集《あつ》まってきて、いっせいにたまごを産《う》む場所《ばしょ》なのです。］

ここがその場所《ばしょ》だと分《わ》かったのは、つい最近《さいきん》のことです。それまでウナギの生態《せいたい》は深《ふか》いなぞに包《つつ》まれていたのです。

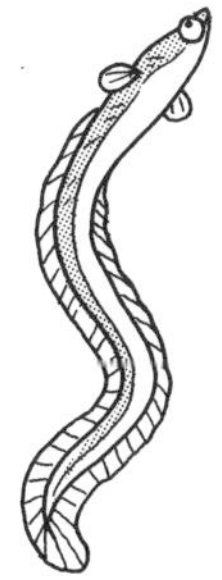

※生態《せいたい》…生《い》き物《もの》が生《う》まれてから死《し》ぬまでのくらしのようす。

2

その研究《けんきゅう》の第一歩《だいいっぽ》として、たまごを産《う》む場所《ばしょ》を見《み》つける調査《ちょうさ》が始《はじ》まったのは、一九三〇年《せんきゅうひゃくさんじゅうねん》ごろのことでした。

それからこの場所《ばしょ》がつき止《と》められるまでに、実《じつ》に八十年《はちじゅうねん》近《ちか》くの年月《ねんげつ》がかかったのです。

（令和二年度版　光村図書　国語四下　はばたき　塚本《つかもと》　勝巳《かつみ》）

1

(1) マリアナの海《うみ》が日本中《にほんじゅう》のウナギが集《あつ》まってきて、たまごを産《う》む場所《ばしょ》だと分《わ》かったのは、いつのことでしたか。

(2) ウナギの生態《せいたい》は、最近《さいきん》までにどれぐらい分《わ》かっていましたか。○をつけましょう。

（　）だいたい分《わ》かっていた。

（　）ほとんど分《わ》かっていなかった。

2

(1) ウナギの生態《せいたい》の研究《けんきゅう》の初《はじ》めに、どんな調査《ちょうさ》を始《はじ》めましたか。

調査《ちょうさ》。

(2) 調査《ちょうさ》が始《はじ》まってから、たまごを産《う》む場所《ばしょ》を見《み》つけるまでにどのくらいの年月《ねんげつ》がかかりましたか。

※「日本《にほん》」は「にっぽん」とも読《よ》みます。

# ウナギのなぞを追《お》って　(4)

名前

● 次《つぎ》の文章《ぶんしょう》を二回《にかい》読《よ》んで、答《こた》えましょう。

1

たまごを産《う》む場所《ばしょ》をさがす調査《ちょうさ》は、より小《ちい》さいウナギを追《お》い求《もと》めることから始《はじ》まりました。

2

調査《ちょうさ》では、目《め》の細《こま》かい大《おお》きなあみを使《つか》って、海《うみ》の生《い》き物《もの》を集《あつ》める作業《さぎょう》をくり返《かえ》します。あみの中《なか》には、さまざまな色《いろ》や形《かたち》の小《ちい》さな生《い》き物《もの》が入《はい》ります。この中《なか》から、レプトセファルスとよばれる、ウナギの赤《あか》ちゃんをさがすのです。

レプトセファルスは、とうめいで、やなぎの葉《は》のような形《かたち》をしています（図《ず》２）。海《うみ》の中《なか》でしずみにくく、海流《かいりゅう》に乗《の》って運《はこ》ばれやすくなっているのです。

図《ず》２

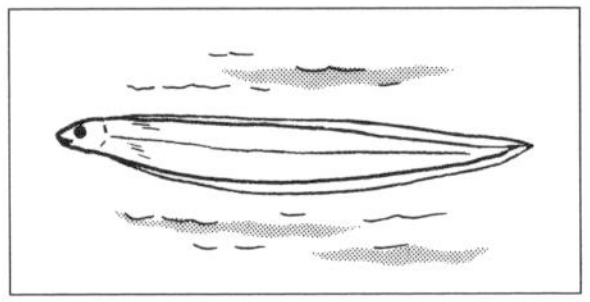

※レプトセファルス…ウナギなどが、親《おや》とちがう形《かたち》をしているときのよび名《な》。

（令和二年度版　光村図書　国語四下　はばたき　塚本《つかもと》　勝巳《かつみ》）

1　たまごを産《う》む場所《ばしょ》をさがす調査《ちょうさ》は、どんなものを追《お》い求《もと》めることから始《はじ》まりましたか。

2

(1) 調査《ちょうさ》では、どんなあみを使《つか》って、海《うみ》の生《い》き物《もの》を集《あつ》める作業《さぎょう》をくり返《かえ》しますか。

(2) レプトセファルスとよばれているものは、何《なん》ですか。

(3) レプトセファルスが、とうめいで、やなぎの葉《は》のような形《かたち》をしているのは、なぜですか。

海《うみ》の中《なか》で、＿＿＿、海流《かいりゅう》に乗《の》って＿＿＿なっているから。

# ウナギのなぞを追《お》って (5)

名前

● 次《つぎ》の文章《ぶんしょう》を二回読《にかいよ》んで、答《こた》えましょう。

1

ウナギのレプトセファルスが最初《さいしょ》にとれたのは、一九六七年《せんきゅうひゃくろくじゅうしちねん》、場所《ばしょ》は、台湾《たいわん》の近《ちか》くの海《うみ》でした。体長《たいちょう》は五十四《ごじゅうよん》ミリメートル。

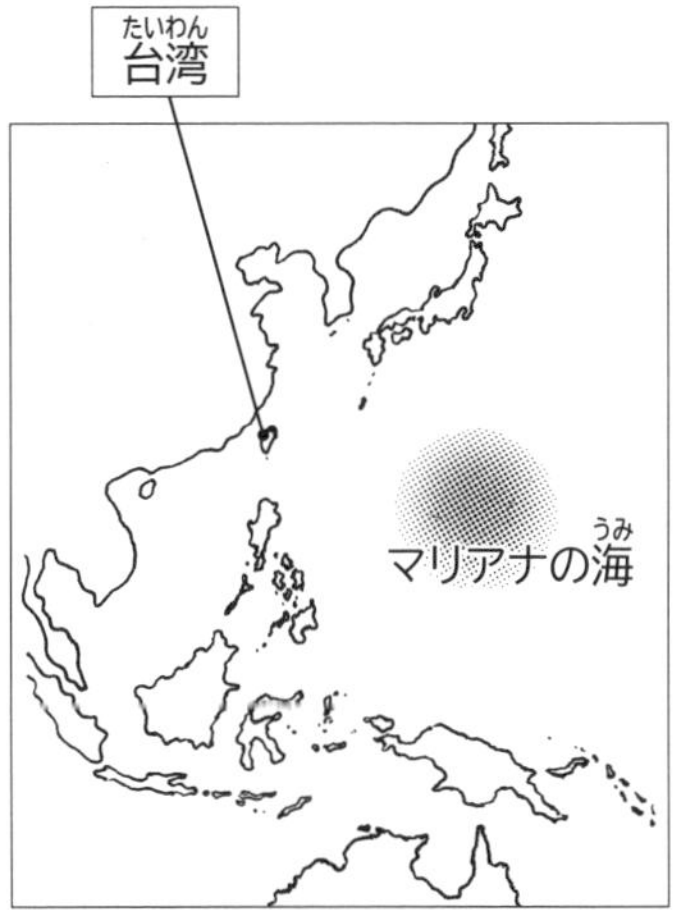


2

この大《おお》きさだと、生《う》まれてからだいぶ時間《じかん》がたっているため、かなりのきょりを海流《かいりゅう》で流《なが》されてきたものと思《おも》われました。㋐このレプトセファルスが生《う》まれた場所《ばしょ》は、海流《かいりゅう》をもっとさかのぼった先《さき》にあると考《かんが》えられました。

(令和二年度版　光村図書　国語四下　はばたき　塚本《つかもと》　勝巳《かつみ》)

1

(1) ウナギのレプトセファルスが最初《さいしょ》にとれた場所《ばしょ》は、どこでしたか。
(習《なら》っていない漢字《かんじ》は、ひらがなで書《か》きましょう。)

(2) 最初《さいしょ》にとれたレプトセファルスの体長《たいちょう》は、何《なん》ミリメートルでしたか。

2

㋐このレプトセファルスが…と考《かんが》えられました。とありますが、このように考《かんが》えられたのは、どうしてですか。

レプトセファルスの大《おお》きさからみて、生《う》まれてからだいぶ時間《じかん》がたっているため、

と思《おも》われたから。

# ウナギのなぞを追《お》って　(6)

名前

● 次《つぎ》の文章《ぶんしょう》を二回《にかい》読《よ》んで、答《こた》えましょう。

1

わたしがこの調査《ちょうさ》に加《くわ》わるようになったのは、一九七三年《せんきゅうひゃくななじゅうさんねん》のことです。調査《ちょうさ》グループは、さらに小《ちい》さなレプトセファルスを求《もと》めて、調査《ちょうさ》のはんいを南《みなみ》へ、そして東《ひがし》へと広《ひろ》げていきました。

※調査《ちょうさ》のはんい…調査《ちょうさ》する場所《ばしょ》。

2

レプトセファルスは、海流《かいりゅう》に乗《の》って運《はこ》ばれます。海流《かいりゅう》の上流《じょうりゅう》に行《い》くほど、小《ちい》さいものがいるはずです。㋐予想《よそう》どおり、とれるレプトセファルスの体長《たいちょう》は、四十《よんじゅう》、三十《さんじゅう》、二十《にじゅう》ミリメートルと、しだいに小《ちい》さくなっていきました（図《ず》3）。

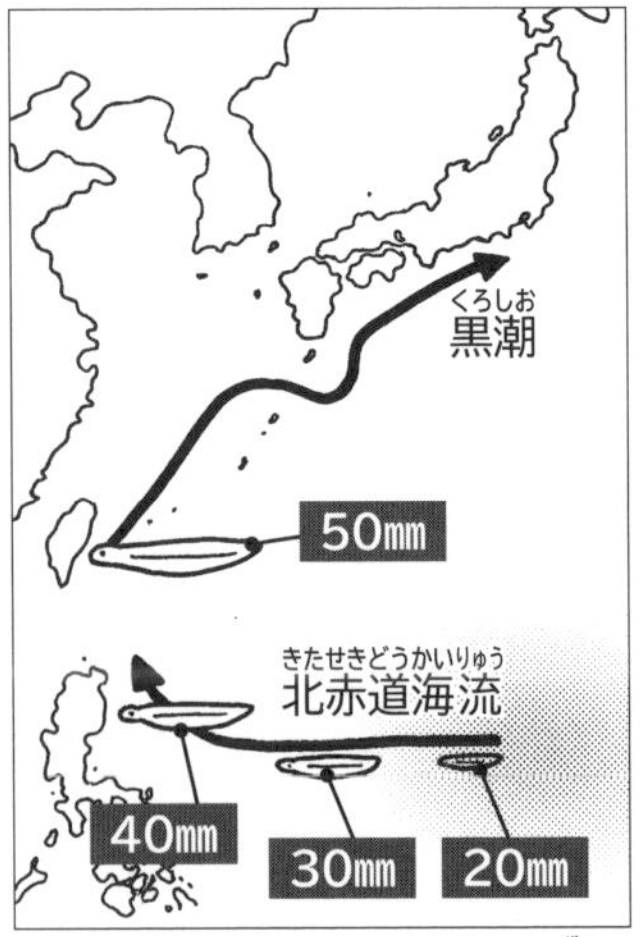

図《ず》3

1

(1) 調査《ちょうさ》グループは、何《なに》を求《もと》めて、調査《ちょうさ》のはんいを広《ひろ》げていきましたか。

［　　　　　　］レプトセファルス。

(2) 調査《ちょうさ》グループは、調査《ちょうさ》のはんいをどこの方角《ほうがく》へ広《ひろ》げていきましたか。○をつけましょう。

（　）南《みなみ》の方角《ほうがく》だけ。

（　）南《みなみ》と東《ひがし》の方角《ほうがく》。

2

㋐予想《よそう》とは、どんな予想《よそう》でしたか。

レプトセファルスは、［　　　　　　］に乗《の》って運《はこ》ばれるので、［　　　　　　］に行《い》くほど、［　　　　　　］がいるはずだという予想《よそう》。

（令和二年度版　光村図書　国語四下　はばたき　塚本《つかもと》　勝巳《かつみ》）

# ウナギのなぞを追《お》って (7)

名前

● 次《つぎ》の文章《ぶんしょう》を二回《にかい》読《よ》んで、答《こた》えましょう。

1

そして、一九九一年《せんきゅうひゃくきゅうじゅういちねん》には、マリアナ諸島《しょとう》の西《にし》、北赤道海流《きたせきどうかいりゅう》の中《なか》で、十《じゅう》ミリメートル前後《ぜんご》のレプトセファルスを、約千《やくせん》びきとることができたのです。レプトセファルスの体《からだ》の中《なか》には、木《き》の年輪《ねんりん》ににた、一日《いちにち》に一本《いっぽん》ずつふえる輪《わ》のできる部分《ぶぶん》があります。㋐その輪《わ》を数《かぞ》えれば、生《う》まれてから何日《なんにち》たっているかを知《し》ることができます。

※諸島《しょとう》…あるちいきに集《あつ》まっている、多《おお》くの島々《しまじま》。
※年輪《ねんりん》…木《き》のみきの切《き》り口《くち》に見《み》られる輪《わ》のこと。一年《いちねん》に一《ひと》つずつふえる。

2

調《しら》べてみると、これらは生後《せいご》二十日《はつか》ほどのものだと分《わ》かりました。とれた所《ところ》から、二十日《はつか》分《ぶん》のきょりを計算《けいさん》して海流《かいりゅう》をさかのぼれば、親《おや》ウナギがたまごを産《う》んだ場所《ばしょ》にたどり着《つ》けるはずです。

（令和二年度版　光村図書　国語四下　はばたき　塚本《つかもと》　勝巳《かつみ》）

1

(1) 一九九一年《せんきゅうひゃくきゅうじゅういちねん》に約千《やくせん》びきとれたレプトセファルスは、どれぐらいの大《おお》きさでしたか。

(2) ㋐その輪《わ》とは、どんな輪《わ》ですか。

レプトセファルスの体《からだ》の中《なか》にある、＿＿＿＿ふえる輪《わ》。

(3) ㋐その輪《わ》を数《かぞ》えると、どんなことを知《し》ることができますか。

＿＿＿＿を知《し》ることができる。

2

調《しら》べて分《わ》かったことから、二十日分《はつかぶん》のきょりを計算《けいさん》して海流《かいりゅう》をさかのぼれば、どこにたどり着《つ》けると、筆者《ひっしゃ》は考《かんが》えましたか。

# つながりに気《き》をつけよう (1)

名前

(1) 次《つぎ》の文《ぶん》の主語《しゅご》と述語《じゅつご》が対応《たいおう》するように、｛　｝の述語《じゅつご》の正《ただ》しいほうを○でかこみましょう。

① ぼくのゆめは、サッカー選手《せんしゅ》に｛なります／なることです｝。

② わたしの目標《もくひょう》は、絵画《かいが》のコンテストで入賞《にゅうしょう》｛します／することです｝。

(2) 次《つぎ》の文《ぶん》は、主語《しゅご》と述語《じゅつご》が正《ただ》しく対応《たいおう》していません。主語《しゅご》に合《あ》うように、――線《せん》の述語《じゅつご》を書《か》き直《なお》しましょう。

① ぼくの姉《あね》のしゅみは、部屋《へや》でゆっくり本《ほん》を読《よ》みます。

読むことです

② 今回《こんかい》の旅行《りょこう》の目的《もくてき》は、きれいな風景《ふうけい》を写真《しゃしん》にとります。

③ わたしたち二人《ふたり》の約束《やくそく》は、かくしごとをしません。

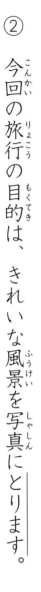

# つながりに気《き》をつけよう (2)

名前

(1) 次《つぎ》の文《ぶん》の主語《しゅご》と述語《じゅつご》が対応《たいおう》するように、{ }の述語《じゅつご》の正《ただ》しいほうを○でかこみましょう。

① 夏休《なつやす》みの思《おも》い出《で》は、家族《かぞく》で海《うみ》に{行《い》きました／行《い》ったことです}。

② きのうの最大《さいだい》の失敗《しっぱい》は、朝《あさ》ねぼう{したことです／しました}。

(2) 次《つぎ》の文《ぶん》は、主語《しゅご》と述語《じゅつご》が正《ただ》しく対応《たいおう》していません。主語《しゅご》に合《あ》うように、——線《せん》の述語《じゅつご》を書《か》き直《なお》しましょう。

① 遠足《えんそく》で楽《たの》しかったことは、山《やま》の上《うえ》で友達《ともだち》とおべんとうを食《た》べました。

② 音楽発表会《おんがくはっぴょうかい》でよかったことは、うまく声《こえ》を合《あ》わせて歌《うた》えました。

③ この本《ほん》を読《よ》んで心《こころ》に残《のこ》ったことは、主人公《しゅじんこう》の女《おんな》の子《こ》がどんなに苦《くる》しいときもぜったいにあきらめませんでした。

# つながりに気《き》をつけよう　(3)

名前

● 次《つぎ》の①、②の文《ぶん》は、二通《ふたとお》りの意味《いみ》にとることができます。文《ぶん》が㋐、㋑の意味《いみ》になるように、それぞれ読点《とうてん》（、）を一《いっ》か所《しょ》に打《う》ちましょう。

①

わたしは笑《わら》いながら本《ほん》を読《よ》む兄《あに》を見《み》た。

㋐ 笑《わら》っているのは、「わたし」

わたしは　笑《わら》いながら　本《ほん》を　読《よ》む　兄《あに》を　見《み》た。

㋑ 笑《わら》っているのは、「兄《あに》」

わたしは　笑《わら》いながら　本《ほん》を　読《よ》む　兄《あに》を　見《み》た。

②

ぼくはおふろに入《はい》りながら歌《うた》っている弟《おとうと》をよんだ。

㋐ おふろに入《はい》っているのは、「ぼく」

ぼくは　おふろに入《はい》りながら　歌《うた》っている　弟《おとうと》を　よんだ。

㋑ おふろに入《はい》っているのは、「弟《おとうと》」

ぼくは　おふろに入《はい》りながら　歌《うた》っている　弟《おとうと》を　よんだ。

# つながりに気《き》をつけよう (4)

名前

● 次《つぎ》の①、②の文《ぶん》は、二通《ふたとお》りの意味《いみ》にとることができます。文《ぶん》が㋐、㋑の意味《いみ》になるように、それぞれ《　》にあるとおりに直《なお》して書《か》きましょう。

①

姉《あね》は必死《ひっし》で走《はし》る弟《おとうと》を追《お》いかけた。

㋐ 「必死《ひっし》」なのは、「弟《おとうと》」のとき。《読点《とうてん》を一《いっ》か所《しょ》に打《う》つ》

姉《あね》は、必死《ひっし》で 走《はし》る弟《おとうと》を 追《お》いかけた。

㋑ 「必死《ひっし》」なのは、「姉《あね》」のとき。《言葉《ことば》の順番《じゅんばん》を入《い》れかえ、読点《とうてん》を一《いっ》か所《しょ》に打《う》って書《か》き直《なお》す》

姉は、走る弟を必死で追いかけた。

②

わたしは妹《いもうと》と弟《おとうと》をむかえに行《い》った。

㋐ 「わたし一人《ひとり》が、妹《いもうと》と弟《おとうと》の二人《ふたり》をむかえに行《い》った」という意味《いみ》のとき。《読点《とうてん》を一《いっ》か所《しょ》に打《う》つ》

わたしは 妹《いもうと》と 弟《おとうと》を むかえに行《い》った。

㋑ 「わたしと妹《いもうと》の二人《ふたり》で、弟《おとうと》一人《ひとり》をむかえに行《い》った」という意味《いみ》のとき。《言葉《ことば》の順番《じゅんばん》を入《い》れかえ、読点《とうてん》を一《いっ》か所《しょ》に打《う》って書《か》き直《なお》す》

妹とわたしは

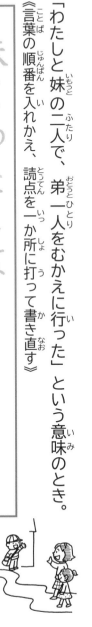

# つながりに気《き》をつけよう　(5)

名前

(1) 次《つぎ》の二《ふた》つの文《ぶん》を、〈例《れい》〉にならって、一《ひと》つの文《ぶん》に書《か》き直《なお》しましょう。

〈例《れい》〉ぼくは、起《お》きた。ぼくは、歯《は》をみがいた。

↓

ぼくは、起《お》きて、歯《は》をみがいた。

① つばめが、巣《す》を作《つく》った。つばめが、たまごを産《う》んだ。

↓

② わたしは、いすにすわった。わたしは、音楽《おんがく》をきいた。

↓

(2) 次《つぎ》の三《みっ》つの文《ぶん》を、一《ひと》つの文《ぶん》に書《か》き直《なお》しましょう。

・妹《いもうと》は、帰《かえ》って来《き》た。妹《いもうと》は、手《て》をあらった。妹《いもうと》は、おやつを食《た》べた。

↓

# つながりに気《き》をつけよう (6)

名前

● 次《つぎ》の文章《ぶんしょう》を読《よ》んで、問題《もんだい》に答《こた》えましょう。

ぼくは、朝七時《あさしちじ》に起《お》きた。
ぼくは、顔《かお》をあらった。
ぼくは、朝《あさ》ごはんを食《た》べた。

①

朝食《ちょうしょく》には、お気《き》に入《い》りのパンがあったので、ぼくはパンを食《た》べすぎて、いつもより家《いえ》を出《で》るのがおそくなってしまったが、友《とも》だちはいつもの場所《ばしょ》で待《ま》っていてくれた。

②

(1) 上《うえ》の文章《ぶんしょう》の①の部分《ぶぶん》を、一文《いちぶん》でまとめて書《か》き直《なお》しましょう。

(2) 上《うえ》の文章《ぶんしょう》の②の部分《ぶぶん》を、三《みっ》つの文《ぶん》に分《わ》けます。（　）に合《あ》うつなぎ言葉《ことば》を□から選《えら》んで書《か》きましょう。

朝食《ちょうしょく》には、お気《き》に入《い》りのパンがあった。（　　　）、ぼくはパンを食《た》べすぎて、いつもより家《いえ》を出《で》るのがおそくなってしまった。（　　　）、友《とも》だちはいつもの場所《ばしょ》で待《ま》っていてくれた。

でも　・　だから

# もしものときにそなえよう

名前

教科書《きょうかしょ》の「もしものときにそなえよう」を読《よ》んで、答《こた》えましょう。

● 次《つぎ》の、理由《りゆう》を挙《あ》げて説明《せつめい》している北山《きたやま》さんの文章《ぶんしょう》を二回《にかい》読《よ》んで、答《こた》えましょう。

① わたしは、調《しら》べたことを通《とお》して、大雨《おおあめ》のときは早《はや》めにひなんすることが大切《たいせつ》だと考《かんが》えました。

② ㋐、水《みず》があふれた道路《どうろ》を歩《ある》くのは、きけんだからです。「天気《てんき》の安全《あんぜん》ブック」によると、「水《みず》があふれた道路《どうろ》では、水《みず》の流《なが》れで動《うご》けなくなるおそれがある」そうです。水《みず》があふれて、道路《どうろ》と用水路《ようすいろ》などのさかい目《め》が分《わ》からなくなっている写真《しゃしん》ものっていました。

③ もう一《ひと》つ理由《りゆう》があります。それは、大雨《おおあめ》の中《なか》のひなんは、周《まわ》りがよく見《み》えず、きけんがますということです。ぼうさい資料室《しりょうしつ》の岸《きし》さんは、「雨《あめ》が強《つよ》いと、車《くるま》などが近《ちか》づいてくるのにも気《き》づきにくくなります。」とおっしゃっていました。

④ これらの理由《りゆう》から、大雨《おおあめ》が予想《よそう》されるときは、ひなんしやすいうちに、安全《あんぜん》な場所《ばしょ》に行《い》くことが大切《たいせつ》だと考《かんが》えます。

(令和二年度版　光村図書　国語四下　はばたき「もしものときにそなえよう」による)

(1) ㋐にあてはまる言葉《ことば》を一《ひと》つ選《えら》んで○をつけましょう。

( )ところが
( )なぜなら
( )例《たと》えば

(2) 北山《きたやま》さんが読《よ》んだのは、何《なん》という本《ほん》ですか。

(3) 上《うえ》の文章《ぶんしょう》で、(2)の本《ほん》から引用《いんよう》している部分《ぶぶん》に、——線《せん》を引《ひ》きましょう。

(4) 北山《きたやま》さんが自分《じぶん》の考《かんが》えを書《か》いているところは、①～④段落《だんらく》のうち、何段落《なんだんらく》ですか。記号《きごう》で二《ふた》つ答《こた》えましょう。

(5) 北山《きたやま》さんが理由《りゆう》を挙《あ》げて説明《せつめい》しているところは、①～④段落《だんらく》のうち、何段落《なんだんらく》ですか。記号《きごう》で二《ふた》つ答《こた》えましょう。

# 調《しら》べて話《はな》そう、生活調査隊《せいかつちょうさたい》

名前

教科書《きょうかしょ》の「調《しら》べて話《はな》そう、生活調査隊《せいかつちょうさたい》」を読《よ》んで、答《こた》えましょう。

● 次《つぎ》の文章《ぶんしょう》は、生活《せいかつ》に関《かん》するぎもんを調査《ちょうさ》した結果《けっか》をまとめて発表《はっぴょう》した例《れい》の一部分《いちぶぶん》です。文章《ぶんしょう》を二回《にかい》読《よ》んで、答《こた》えましょう。

　わたしたちは、「放課後《ほうかご》のすごし方《かた》」というテーマで、調査《ちょうさ》をしました。

　㋐みなさんは、放課後《ほうかご》をどのようにすごしていますか。

　わたしたちの町《まち》には、緑《みどり》ゆたかな公園《こうえん》や広場《ひろば》がたくさんありますが、みなさんのふだんの会話《かいわ》を聞《き》いていると、室内《しつない》ですごしていることが多《おお》いと感《かん》じました。

　そこで、アンケートを取《と》って、その実態《じったい》を調《しら》べました。

　アンケート結果《けっか》から分《わ》かったことや考《かんが》えたことを発表《はっぴょう》します。

※実態《じったい》…ありのままのようす。

（令和二年度版　光村図書　国語四下　はばたき「調べて話そう、生活調査隊」による）

(1) 「わたしたち」が調査《ちょうさ》したテーマは、何《なん》でしたか。

［　　　　］

(2) 「わたしたち」は、(1)のテーマについて、どんな方法《ほうほう》で調《しら》べましたか。

［　□　を取《と》る方法《ほうほう》。］

(3) ㋐みなさんは…いますか。のところを発言《はつげん》するとき、どのように言《い》うといいですか。一《ひと》つに○をつけましょう。

（　）近《ちか》くにいる人《ひと》にだけ聞《き》こえるように小《ちい》さな声《こえ》で話《はな》す。

（　）聞《き》く人《ひと》のきょうみを引《ひ》くよう、たずねるようによびかける。

（　）アンケート結果《けっか》をまとめた資料《しりょう》を見《み》せながら言《い》う。

# まちがえやすい漢字《かんじ》(1)
## (平《ひら》がなで書《か》くと同《おな》じになる言葉《ことば》)

名前

(1) 漢字《かんじ》が正《ただ》しいほうを○でかこみましょう。

① 雨上《あめあ》がりの、{ 歯《は》 ・ 葉《は》 }が、きらきら光《ひか》る。

② 地球《ちきゅう》は{ 円《まる》い ・ 丸《まる》い }。

(2) 次《つぎ》の文《ぶん》の意味《いみ》に合《あ》う漢字《かんじ》を□から選《えら》んで書《か》きましょう。

① はやく

㋐ もっと□□走《はし》れるようになりたい。

㋑ 今日《きょう》は、朝《あさ》□□起《お》きた。

[ 早《はや》く ・ 速《はや》く ]

② あう

㋐ みんなの意見《いけん》が□□。

㋑ 休《やす》みの日《ひ》に友達《ともだち》と□□。

[ 合《あ》う ・ 会《あ》う ]

# まちがえやすい漢字《かんじ》(2)

(平《ひら》がなで書《か》くと同《おな》じになる言葉《ことば》)

名前

(1) 次《つぎ》の……線《せん》の言葉《ことば》に合《あ》う漢字《かんじ》を選《えら》んで、——線《せん》で結《むす》びましょう。

①
ア 夜《よ》があける。　・
イ 教室《きょうしつ》のまどをあける。　・

・開《あ》ける
・明《あ》ける

②
ア まどから日《ひ》の光《ひかり》がさす。　・
イ 山《やま》の方《ほう》をさす。　・

・差《さ》す
・指《さ》す

(2) 次《つぎ》の文《ぶん》の意味《いみ》に合《あ》う漢字《かんじ》を□から選《えら》んで書《か》きましょう。

① あく

ア 毎朝十時《まいあさじゅうじ》に店《みせ》が□□。

イ 友達《ともだち》が転校《てんこう》して、前《まえ》の席《せき》が□□。

開《あ》く・空《あ》く

② かえす

ア 弟《おとうと》を先《さき》に□□。

イ 図書館《としょかん》で借《か》りた本《ほん》を□□。

帰《かえ》す・返《かえ》す

# まちがえやすい漢字《かんじ》(3)
## (平《ひら》がなで書《か》くと同《おな》じになる言葉《ことば》)

名前

(1) 次《つぎ》の――線《せん》の言葉《ことば》に合《あ》う漢字《かんじ》を選《えら》んで、――線《せん》で結《むす》びましょう。

①
- ㋐ しょうかくんれんを行《おこな》う。　・　　・　消火《しょうか》
- ㋑ しょうかのよい食《た》べ物《もの》を作《つく》る。　・　　・　消化《しょうか》

②
- ㋐ 先生《せんせい》に話《はな》しかけるきかいを待《ま》つ。　・　　・　機械《きかい》
- ㋑ 食品工場《しょくひんこうじょう》のきかい化《か》を図《はか》る。　・　　・　機会《きかい》

(2) 次《つぎ》の文《ぶん》の意味《いみ》に合《あ》う漢字《かんじ》を□から選《えら》んで書《か》きましょう。

① かんしん
- ㋐ サッカーの試合《しあい》の結果《けっか》に□□がある。
- ㋑ 友達《ともだち》の思《おも》いやりのある行《おこな》いに□□した。

感心《かんしん》・関心《かんしん》

② いがい
- ㋐ 日曜日《にちようび》□□は、毎朝七時《まいあさしちじ》に起《お》きる。
- ㋑ 駅《えき》は、□□に近《ちか》くにあった。

以外《いがい》・意外《いがい》

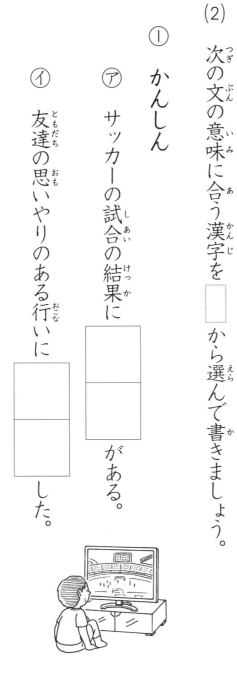

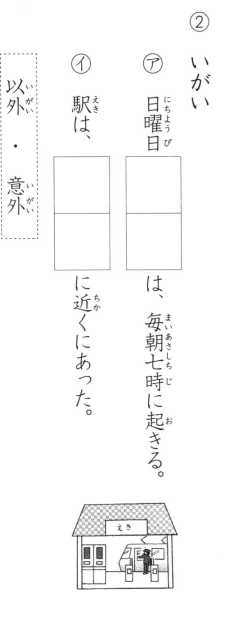

# まちがえやすい漢字《かんじ》 (4)

（なじみのない読《よ》み方《かた》）

名前

● 次《つぎ》の――線《せん》の漢字《かんじ》の読《よ》みを（　）に書《か》きましょう。

① 七月《しちがつ》七日《なのか》に七夕のお祭《まつ》りがある。（　　　）

② 来月《らいげつ》二十日は、ぼくのたんじょう日《び》だ。（　　　）

③ すずしい木かげで休《きゅう》けいする。（かげ）

④ 日本《にほん》は昔《むかし》から米作がさかんな国《くに》だ。（　　　）

⑤ 夏休《なつやす》みが始《はじ》まって、もう半ばもすぎた。（　　ば）

⑥ 晴《は》れた日《ひ》は、なわとびの練習《れんしゅう》を戸外で行《おこな》った。（　　　）

# まちがえやすい漢字《かんじ》 (5)
## （なじみのない読《よ》み方《かた》）

名前

(1) 次《つぎ》の言葉《ことば》の読《よ》みを（　）に書《か》き、その意味《いみ》を下《した》から選《えら》んで——線《せん》で結《むす》びましょう。

① 半ば（　　ば）・　　・家《いえ》の外《そと》。

② 木かげ（　　かげ）・　　・全体《ぜんたい》の半分《はんぶん》くらい。

③ 戸外（　　）・　　・米《こめ》を作《つく》ること。

④ 米作（　　）・　　・木《き》の下《した》で、日差《ひざ》しや雨《あめ》の当《あ》たらないところ。

(2) 次《つぎ》の——線《せん》の漢字《かんじ》の読《よ》みを（　）に書《か》きましょう。

① 昨日（　　）

② 今日（　　）

③ 明日（　　）

④ 父さん（　　さん）

⑤ 母さん（　　さん）

⑥ 兄さん（　　さん）

⑦ 姉さん（　　さん）

# 初《はつ》雪《ゆき》のふる日《ひ》 (1)

名前

● 教科書《きょうかしょ》の「初雪《はつゆき》のふる日《ひ》」の全文《ぜんぶん》を読《よ》んだ後《あと》、次《つぎ》の文章《ぶんしょう》を二回《にかい》読《よ》んで、答《こた》えましょう。

1

雪《ゆき》うさぎの群《む》れの列《れつ》にまきこまれた女《おんな》の子《こ》は、おばあさんの話《はなし》を思《おも》い出《だ》し、よもぎのおまじないを唱《とな》えようとします。しかし、うさぎの歌《うた》につられてしまい、どうしても唱《とな》えられません。

女《おんな》の子《こ》の手足《てあし》はかじかんで、もう氷《こおり》のようになりました。ほほは青《あお》ざめ、くちびるはふるえていました。

「おばあちゃん、助《たす》けて――。」

女《おんな》の子《こ》は、心《こころ》の中《なか》でさけびました。

※かじかむ…寒《さむ》さで手足《てあし》が思《おも》うように動《うご》かなくなる。

2

このときです。たった今《いま》かた足《あし》を入《い》れた輪《わ》の中《なか》に、女《おんな》の子《こ》は、㋐一《いち》まいの葉《は》を見《み》つけたのです。思《おも》わず拾《ひろ》い上《あ》げると、それは、よもぎの葉《は》でした。あざやかな緑《みどり》の、そして、うら側《がわ》には白《しろ》い毛《け》のふっくりと付《つ》いた、やさしいよもぎの葉《は》でした。

（令和二年度版　光村図書　国語四下　はばたき　安房《あわ》　直子《なおこ》）

1

(1) 女《おんな》の子《こ》は、どんな様子《ようす》でしたか。

手足《てあし》はかじかんで、［　　］のようになり、

ほほは［　　］、

くちびるは［　　］いた。

(2) 女《おんな》の子《こ》は、心《こころ》の中《なか》で、だれに助《たす》けを求《もと》めましたか。

［　　］

2

(1) 女《おんな》の子《こ》は、㋐一《いち》まいの葉《は》をどこで見《み》つけましたか。

女《おんな》の子《こ》がかた足《あし》を入《い》れた［　　］。

(2) ㋐一《いち》まいの葉《は》とは、何《なん》の葉《は》でしたか。

［　］［　］［　］の葉《は》。

# 初雪《はつゆき》のふる日《ひ》 (2)

名前

● 次《つぎ》の文章《ぶんしょう》を二回《にかい》読《よ》んで、答《こた》えましょう。

1

「うわあ、だれが。だれが、落《お》としてくれたの。」女《おんな》の子《こ》は、よもぎの葉《は》を、そっとむねに当《あ》ててみました。

すると、女《おんな》の子《こ》は、だれかにはげまされているような気《き》がしてきました。たくさんの小《ちい》さなものたちが、声《こえ》をそろえて、㋐がんばれがんばれと言《い》っているように思《おも》えてきました。

2

そうです。それは、雪《ゆき》の下《した》にいる、たくさんの草《くさ》の種《たね》の声《こえ》でした。今《いま》、土《つち》の中《なか》でじっと寒《さむ》さにたえている草《くさ》の種《たね》のいぶきが、一《いち》まいの葉《は》を通《とお》して、女《おんな》の子《こ》のむねに伝《つた》わってきたのでした。

「がんばれ、がんばれ。」

※いぶき…こきゅう。息《いき》づかい。

（令和二年度版　光村図書　国語四下　はばたき　安房《あわ》　直子《なおこ》）

1

(1) 女《おんな》の子《こ》が、そっとむねに当《あ》ててみたものは、何《なん》ですか。

(2) 女《おんな》の子《こ》は、だれが、㋐がんばれがんばれと言《い》っているように思《おも》えてきましたか。

2

(1) 女《おんな》の子《こ》に㋐がんばれがんばれと言《い》っているのは、何《なん》の声《こえ》でしたか。

雪《ゆき》の下《した》にいる、たくさんの［　　］の声《こえ》。

(2) 一《いち》まいの葉《は》を通《とお》して、女《おんな》の子《こ》のむねに伝《つた》わってきたのは、何《なん》でしたか。

土《つち》の中《なか》でじっと寒《さむ》さにたえている［　　］。

# 初雪《はつゆき》のふる日《ひ》 (3)

名前

● 次《つぎ》の文章《ぶんしょう》を二回《にかい》読《よ》んで、答《こた》えましょう。

1

このとき、女《おんな》の子《こ》の頭《あたま》に、ふっと㋐すてきな なぞなぞが うかびました。女《おんな》の子《こ》は目《め》をつぶって、大《おお》きく息《いき》をつくと、

「よもぎの葉《は》っぱのうら側《がわ》は、どうしてこんなに白《しろ》いのかしら。」

とさけびました。

2

㋑これを聞《き》いて、前《まえ》のうさぎの足取《あしど》りがみだれました。前《まえ》のうさぎは、歌《うた》うのをやめてふり向《む》きました。

「よもぎの葉《は》っぱのうら側《がわ》だって。」

すると、今度《こんど》は後《うし》ろのうさぎが、ちょっとよろけて、

「どうしてだろうなあ。」

と言《い》いました。うさぎたちの歌声《うたごえ》はとぎれて、足取《あしど》りもおそくなりました。

※足取《あしど》り…足《あし》の運《はこ》び方《かた》。歩《ある》き方《かた》。

（令和二年度版 光村図書 国語四下 はばたき 安房《あわ》 直子《なおこ》）

1

㋐すてきな なぞなぞとは、どんなものでしたか。文中《ぶんちゅう》から書《か》き出《だ》しましょう。

2

(1) ㋑これとは、何《なに》を指《さ》しますか。○をつけましょう。

（ ）女《おんな》の子《こ》がさけんだなぞなぞ。

（ ）うさぎたちの歌《うた》。

(2) 後《うし》ろのうさぎは、何《なん》と言《い》いましたか。書《か》き出《だ》しましょう。

(3) うさぎたちの歌声《うたごえ》がとぎれて、足取《あしど》りもおそくなったのは、なぜですか。○をつけましょう。

（ ）女《おんな》の子《こ》の声《こえ》におどろいたから。

（ ）なぞなぞの答《こた》えを考《かんが》えていたから。

# 初雪《はつゆき》のふる日《ひ》 (4)

名前

● 次《つぎ》の文章《ぶんしょう》を二回《にかい》読《よ》んで、答《こた》えましょう。

1

「よもぎの葉《は》っぱのうら側《がわ》は、どうしてこんなに白《しろ》いのか」というなぞなぞを聞《き》いて、うさぎたちの歌声《うたごえ》はとぎれ、足取《あしど》りもおそくなりました。

そこで、女《おんな》の子《こ》は、ひと息《いき》に言《い》いました。

「㋐そんなことはかんたんよ。㋑あれは、みんな、うさぎの毛《け》。野原《のはら》でうさぎが転《ころ》がって、よもぎの葉《は》っぱのうら側《がわ》に、白《しろ》い毛《け》がどっさり落《お》ちたのよ。」

2

これを聞《き》いて、うさぎたちはすっかりよろこんで、

「そうだ、そうだ、それにちがいない。」

と言《い》いました。そして、㋒こんな歌《うた》を歌《うた》い始《はじ》めたのです。

うさぎの白《しろ》は、春《はる》の色《いろ》
よもぎの葉《は》っぱのうらの色《いろ》
かた足《あし》、両足《りょうあし》、とんとんとん

(令和二年度版　光村図書　国語四下　はばたき　安房《あわ》　直子《なおこ》)

1

(1) ㋐そんなこととは、何《なに》を指《さ》しますか。○をつけましょう。

(　)なぞなぞの問題《もんだい》を出《だ》すこと。

(　)なぞなぞの答《こた》え。

(2) ㋑あれとは、何《なに》を指《さ》しますか。

[　　]の葉《は》っぱの[　　]の、[　　]いところ。

2

(1) 女《おんな》の子《こ》の言葉《ことば》を聞《き》いたうさぎたちは、どんな様子《ようす》でしたか。

(2) ㋒こんな歌《うた》とは、どんな歌《うた》ですか。文中《ぶんちゅう》から書《か》き出《だ》しましょう。

# 初《はつ》雪《ゆき》のふる日《ひ》 (5)

名前

● 次《つぎ》の文章《ぶんしょう》を二回《にかい》読《よ》んで、答《こた》えましょう。

1

（うさぎたちは、「うさぎの白《しろ》は、春《はる》の色《いろ》
よもぎの葉《は》っぱのうらの色《いろ》 … 」と歌《うた》い
始《はじ》めました。）

すると、どうでしょう。この歌《うた》に合《あ》わせてとびながら、女《おんな》の子《こ》は、花《はな》のにおいをかいだような気《き》がしました。小鳥《ことり》の声《こえ》を聞《き》いたような気《き》がしました。あたたかい春《はる》の日《ひ》をいっぱいに浴《あ》びて、よもぎの野原《のはら》で石《いし》けりをしているような気持《きも》ちになりました。女《おんな》の子《こ》の体《からだ》は、だんだん温《あたた》かくなり、ほほは、ほんのりばら色《いろ》になりました。

2

女《おんな》の子《こ》は、目《め》をつぶって大《おお》きく息《いき》をすうと、むちゅうでさけびました。

「よもぎ、よもぎ、春《はる》のよもぎ。」

と。

（令和二年度版　光村図書　国語四下　はばたき　安房《あわ》　直子《なおこ》）

1

(1) うさぎたちの歌《うた》に合《あ》わせてとびながら、女《おんな》の子《こ》は、何《なに》をかいだような気《き》がしましたか。

(2) 女《おんな》の子《こ》は、何《なに》を聞《き》いたような気《き》がしましたか。

(3) 女《おんな》の子《こ》は、何《なに》をいっぱいに浴《あ》びて、石《いし》けりしているような気《き》持《も》ちになりましたか。

2

女《おんな》の子《こ》は、むちゅうで何《なん》とさけびましたか。文中《ぶんちゅう》から書《か》き出《だ》しましょう。

# 初雪《はつゆき》のふる日《ひ》 (6)

名前

● 次《つぎ》の文章《ぶんしょう》を二回《にかい》読《よ》んで、答《こた》えましょう。

1

〔女《おんな》の子《こ》は、むちゅうで「よもぎ、よもぎ、春《はる》のよもぎ。」とさけびました。〕

㋐気《き》がついたとき、女《おんな》の子《こ》は、たった一人《ひとり》で、知《し》らない町《まち》の知《し》らない道《みち》をとんでいました。前《まえ》にも後《うし》ろにも、うさぎなんか一《いっ》ぴきもいません。ほろほろと雪《ゆき》のまう一本道《いっぽんみち》に、もう石《いし》けりの輪《わ》はなく、そして、女《おんな》の子《こ》の手《て》の中《なか》のよもぎの葉《は》も、消《き》えていました。

2

「ああ、助《たす》かった。」と、女《おんな》の子《こ》は思《おも》いました。けれどもこのとき、女《おんな》の子《こ》の足《あし》はもうぼうのようで、動《うご》きませんでした。

（令和二年度版　光村図書　国語四下　はばたき　安房《あわ》　直子《なおこ》）

1

(1) ㋐気《き》がついたとき、女《おんな》の子《こ》は、どんなところにいましたか。

〔　　　　町《まち》の　　　　道《みち》。〕

(2) ㋐気《き》がついたとき、女《おんな》の子《こ》の目《め》の前《まえ》から消《き》えていたものを、三《みっ》つ書《か》きましょう。（三文字《さんもじ》、五文字《ごもじ》、五文字《ごもじ》で文中《ぶんちゅう》から書《か》き出《だ》しましょう。）

□□□
□□□□□
□□□□□

2

(1) 女《おんな》の子《こ》は、何《なん》と思《おも》いましたか。

〔　　　　〕

(2) 女《おんな》の子《こ》の足《あし》は、どうなっていましたか。

〔　　　　で、動《うご》かなかった。〕

# 百《ひゃく》人《にん》一《いっ》首《しゅ》に親《した》しもう

名前

(1) 次《つぎ》の文《ぶん》は、百人一首《ひゃくにんいっしゅ》について説明《せつめい》したものです。(　)にあてはまる言葉《ことば》を下《した》の[　]から選《えら》んで書《か》きましょう。

百人一首《ひゃくにんいっしゅ》とは、(　　)の歌人《かじん》がよんだ(　　)を一首《いっしゅ》ずつ選《えら》んで、まとめたものです。

百人一首《ひゃくにんいっしゅ》の(　　)には、読《よ》み札《ふだ》と取《と》り札《ふだ》があり、(　　)には、下《しも》の句《く》しか書《か》かれていません。

・かるた
・短歌《たんか》
・取《と》り札《ふだ》
・百人《ひゃくにん》

●読《よ》み札《ふだ》

上《かみ》の句《く》　下《しも》の句《く》

崇徳院《すとくいん》
瀬《せ》をはやみ
岩《いわ》にせかるる
瀧川《たきがわ》の
われても末《すえ》に
逢《あ》はむとぞ思《おも》ふ

●取《と》り札《ふだ》

われてもす
ゑ(え)にあはむ
とそおもふ

(2) 百人一首《ひゃくにんいっしゅ》のかるたで、上《うえ》の読《よ》み札《ふだ》にあう取《と》り札《ふだ》を、下《した》の[　]から選《えら》び、記号《きごう》で答《こた》えましょう。

①
後徳大寺左大臣《ごとくだいじのさだいじん》
ほととぎす
鳴《な》きつる方《かた》を
ながむれば
ただ有明《ありあけ》の
月《つき》ぞ残《のこ》れる

[　]

②
紫式部《むらさきしきぶ》
めぐり逢《あ》ひ(い)て
見《み》しやそれとも
分《わ》かぬ間《ま》に
雲隠《くもがく》れにし
夜半《よわ》の月《つき》かな

[　]

㋐
ほととききす
なきつるか
たをなかむ

㋑
くもかくれ
にしよわの
つきかな

㋒
たたありあ
けのつきそ
のこれる

※取《と》り札《ふだ》は、濁点《だくてん》(゛)を省《はぶ》いたひらがなで書《か》かれています。

(令和二年度版　光村図書　国語四下　はばたき「百人一首に親しもう」による)

# 言葉《ことば》のたから箱《ばこ》 (1)

名前

考《かんが》えや気持《きも》ちをつたえる言葉《ことば》の意味《いみ》や使《つか》い方《かた》をたしかめましょう。

(1) 次《つぎ》の言葉《ことば》とよくにた意味《いみ》を表《あらわ》す言葉《ことば》を□から選《えら》んで書《か》きましょう。

① のんき （　　　）

② 根気強《こんきづよ》い （　　　）

③ ずうずうしい （　　　）

・図太《ずぶと》い　・がまん強《づよ》い　・のんびり

(2) 次《つぎ》の文《ぶん》を読《よ》んで、——線《せん》の言葉《ことば》の意味《いみ》に合《あ》うものに○をつけましょう。

① ささやかなおくりものを、おばあちゃんにわたした。

（　）小《ちい》さくて、わずかなようす。

（　）大《おお》きくて、りっぱなようす。

② ゆとりのある生活《せいかつ》にあこがれる。

（　）犬《いぬ》や猫《ねこ》や鳥《とり》などのペットをかう。

（　）お金《かね》や時間《じかん》・気持《きも》ちなどによゆうがある。

③ あのかた苦《くる》しいレストランでは、あまり食《た》べられなかった。

（　）人《ひと》がいっぱいできゅうくつなようす。

（　）気楽《きらく》に過《す》ごせなくて、落《お》ち着《つ》かないようす。

# 言葉《ことば》のたから箱《ばこ》 (2)

名前

考《かんが》えや気持《きも》ちをつたえる言葉《ことば》の意味《いみ》や使《つか》い方《かた》をたしかめましょう。

(1) 次《つぎ》の文《ぶん》を読《よ》んで、――線《せん》の言葉《ことば》の意味《いみ》に合《あ》うものに○をつけましょう。

① 最後《さいご》までやりとげようと、はらを決《き》める。

（　）決心《けっしん》する。

（　）きんちょうする。

② 金《きん》メダルをもらって、ほこらしいと思《おも》う。

（　）ばかばかしくてつまらない気持《きも》ちになる。

（　）人《ひと》にじまんしたい気持《きも》ちになる。

(2) 次《つぎ》の文《ぶん》の（　）にあてはまる言葉《ことば》を□から選《えら》んで書《か》きましょう。

① ㋐ テスト前《まえ》は、いつも（　　　　　　　）。

㋑ （　　　　　　　）ような数《かず》の人《ひと》が、駅《えき》にいた。

・気《き》が遠《とお》くなる　・気《き》が重《おも》い

② ㋐ 父《ちち》の病気《びょうき》がなおって、（　　　　　　　）。

㋑ お祭《まつ》りのことを考《かんが》えると、（　　　　　　　）。

・心《こころ》が晴《は》れる　・心《こころ》がはずむ

## 4頁

### はばたき

名前

● 次《つぎ》の詩《し》を二回《にかい》読《よ》んで、答《こた》えましょう。

はばたき

白鳥《はくちょう》のやって来《き》た空《そら》から、
ふわりふわりとまい下《お》りてくるのは、
㋐あれは雪《ゆき》ではなくて、
たくさんの白鳥《はくちょう》のはばたきから
飛《と》び散《ち》ってくる、
小《ち》さな羽《はね》ではないのでしょうか。

（令和二年度版　光村図書　国語四下　はばたき　羽曽部《はそべ》　忠《ただし》）

(1) はばたきとは、どんな意味《いみ》ですか。○をつけましょう。

（○）鳥《とり》がつばさを広《ひろ》げて、ばたばたと動《うご》かすこと。
（　）鳥《とり》が小《ち》さな声《こえ》で鳴《な》くこと。

(2) 空《そら》には、何《なん》という生《い》き物《もの》がやって来《き》ましたか。

【白鳥】

(3) ㋐あれとは、何《なに》を指《さ》していますか。

空《そら》から【ふわりふわり】とまい下《お》りてくるもの。

(4) この詩《し》の作者《さくしゃ》は、空《そら》からまい下《お》りてくるものは、何《なに》かもしれないと考《かんが》えていますか。一《ひと》つに○をつけましょう。

（　）雪《ゆき》。
（　）たくさんの白鳥《はくちょう》。
（○）白鳥《はくちょう》の小《ち》さな羽《はね》。

4

## 5頁

### ごんぎつね (1)

名前

● 教科書《きょうかしょ》の「ごんぎつね」の全文《ぜんぶん》を読《よ》んだ後《あと》、次《つぎ》の文章《ぶんしょう》を二回《にかい》読《よ》んで、答《こた》えましょう。

1

［昔《むかし》、「ごんぎつね」という、いたずらのすきな、ひとりぼっちの小《こ》ぎつねがいました。ある日《ひ》、ごんは、川《かわ》で魚《さかな》をとっている兵十《ひょうじゅう》を見《み》つけました。］

兵十《ひょうじゅう》がいなくなると、ごんは、ぴょいと草《くさ》の中《なか》から飛《と》び出《だ》して、びくのそばへかけつけました。ちょいと、いたずらがしたくなったのです。

※びく…とった魚《さかな》を入《い》れておくかご。

2

ごんは、びくの中《なか》の魚《さかな》をつかみ出《だ》しては、はりきりあみのかかっている所《ところ》より下手《しもて》の川《かわ》の中《なか》を目《め》がけて、㋐ぽんぽん投《な》げこみました。どの魚《さかな》も、トボンと音《おと》を立《た》てながら、にごった水《みず》の中《なか》へもぐりこみました。

※はりきりあみ…魚《さかな》をとるあみの一《ひと》つ。

（令和二年度版　光村図書　国語四下　はばたき　新美《にいみ》　南吉《なんきち》）

1

(1) 草《くさ》の中《なか》から飛《と》び出《だ》したごんは、どこへかけつけましたか。

【びくのそば】

(2) ごんがかけつけたのは、何《なに》がしたくなったからですか。

【いたずら】

2

(1) ごんは、何《なに》を川《かわ》の中《なか》へ投《な》げこみましたか。

【兵十】がとった、川《かわ》で【びく】の中《なか》の【魚】。

(2) ㋐ぽんぽんという言葉《ことば》から、どのようなことが分《わ》かりますか。○をつけましょう。

（○）魚《さかな》を何《なん》びきも投《な》げこんだ。
（　）投《な》げた魚《さかな》は一《いっ》ぴきだけだった。

5

## 6頁

### ごんぎつね (2)

名前

● 次《つぎ》の文章《ぶんしょう》を二回《にかい》読《よ》んで、答《こた》えましょう。

1

［ごんは、兵十《ひょうじゅう》がせっかくとった魚《さかな》を川《かわ》の中《なか》へぽんぽん投《な》げこみました。］

いちばんしまいに、太《ふと》いうなぎをつかみにかかりましたが、なにしろぬるぬるとすべりぬけるので、手《て》ではつかめません。ごんは、じれったくなって、頭《あたま》をびくの中《なか》につっこんで、うなぎの頭《あたま》を口《くち》にくわえました。

※しまい…おしまい。さいご。
※じれったい…思《おも》うようにならなくて、いらいらするようす。

2

うなぎは、キュッといって、ごんの首《くび》へまきつきました。そのとたんに兵十《ひょうじゅう》が、向《む》こうから、「うわあ、ぬすっとぎつねめ。」とどなり立《た》てました。

（令和二年度版　光村図書　国語四下　はばたき　新美《にいみ》　南吉《なんきち》）

1

(1) ごんは、さいごに何《なに》をつかみにかかりましたか。

【（太い）うなぎ】

(2) うまくつかめないうなぎを、ごんは、どのようにしましたか。一《ひと》つに○をつけましょう。

（　）なんとか手《て》でつかんだ。
（○）うなぎの頭《あたま》を口《くち》にくわえた。
（　）うなぎをとるのをあきらめた。

2

(1) うなぎは、何《なに》にまきつきましたか。

【ごんの首】

(2) ごんの様子《ようす》を見《み》た兵十《ひょうじゅう》は、何《なん》とどなり立《た》てましたか。

【うわあ、ぬすっとぎつねめ。】

6

## 7頁

### ごんぎつね (3)

名前

● 次《つぎ》の文章《ぶんしょう》を二回《にかい》読《よ》んで、答《こた》えましょう。

1

［兵十《ひょうじゅう》は、「ぬすっとぎつねめ。」とどなり立《た》てました。］

ごんは、びっくりして飛《と》び上《あ》がりました。うなぎをふりすててにげようとしましたが、うなぎは、ごんの首《くび》にまきついたままはなれません。ごんは、㋐そのまま横《よこ》っ飛《と》びに飛《と》び出《だ》して、一生《いっしょう》けんめいににげていきました。

2

ほらあなの近《ちか》くのはんの木《き》の下《した》でふり返《かえ》ってみましたが、兵十《ひょうじゅう》は追《お》っかけては来《き》ませんでした。

ごんは㋑ほっとして、うなぎの頭《あたま》をかみくだき、やっと外《はず》して、あなの外《そと》の草《くさ》の葉《は》の上《うえ》にのせておきました。

（令和二年度版　光村図書　国語四下　はばたき　新美《にいみ》　南吉《なんきち》）

1

(1) 兵十《ひょうじゅう》にどなられたごんは、どうなりましたか。

【飛《と》び上《あ》がった。】【びっくり】して

(2) ㋐そのままとは、ごんは、どんな様子《ようす》のまま横《よこ》っ飛《と》びで飛《と》び出《だ》したのですか。

【うなぎ】が【首】にまきついたまま。

2

(1) ごんが㋑ほっとしたのは、どうしてですか。一《ひと》つに○をつけましょう。

（　）ほらあなの近《ちか》くまでにげてきたから。
（○）兵十《ひょうじゅう》が追《お》っかけて来《こ》なかったから。
（　）首《くび》からうなぎをやっと外《はず》せたから。

(2) ごんは、首《くび》からうなぎを外《はず》すのに、何《なに》をしましたか。

【うなぎの【頭】をかみくだいた。】

7

本書の解答は，あくまでもひとつの例です。児童に取り組ませる前に，必ず指導される方が問題を解いてください。指導される方の作られた解答をもとに，児童の多様な考えに寄り添って○つけをお願いします。

## 8頁

### ごんぎつね (4)

名前

● 次《つぎ》の文章《ぶんしょう》を二回読《にかいよ》んで、答《こた》えましょう。

①

［ごんのいたずらから十日《とおか》ほどたった日《ひ》のことです。ごんは、そうしきのれつが墓地《ぼち》へ入《はい》っていくのを見《み》ました。］

ごんは、のび上《あ》がって
見《み》ました。兵十《ひょうじゅう》が、白《しろ》い
かみしもを着《つ》けて、いはいを
ささげています。いつもは、
赤《あか》いさつまいもみたいな
元気《げんき》のいい顔《かお》が、
今日《きょう》はなんだか
しおれていました。

※かみしも…上下《じょうげ》でひとそろいになった、昔《むかし》の正式《せいしき》なふくそう。ここでは、そうしきのとき、男《おとこ》の人《ひと》が着《き》る白《しろ》いかみしものこと。

②

「ははん、死《し》んだのは、
兵十《ひょうじゅう》のおっかあだ。」ごんは、
㋐そう思《おも》いながら頭《あたま》を
引《ひ》っこめました。

※おっかあ…お母《かあ》さん。

（令和二年度版　光村図書　国語四下　はばたき　新美《にいみ》　南吉《なんきち》）

①

(1) 兵十《ひょうじゅう》は、何色《なにいろ》の、どんなふくそうをしていましたか。

［白いかみしも］

(2) 兵十《ひょうじゅう》は、いつもは、どんな顔《かお》をしていますか。

赤《あか》いさつまいもみたいな、［元気のいい］顔《かお》。

(3) 兵十《ひょうじゅう》は、今日《きょう》はどんな様子《ようす》でしたか。

［(なんだか)しおれていた。］

②

㋐そうが指《さ》している文《ぶん》を、文中《ぶんちゅう》から書《か》き出《だ》しましょう。

［ははん、死んだのは、兵十のおっかあだ。］



## 9頁

### ごんぎつね (5)

名前

● 次《つぎ》の文章《ぶんしょう》を二回読《にかいよ》んで、答《こた》えましょう。

そのばん、ごんは、
あなの中《なか》で
考《かんが》えました。「兵十《ひょうじゅう》の
おっかあは、とこについていて、
うなぎが食《た》べたいと言《い》ったに
ちがいない。それで、兵十《ひょうじゅう》が、
はりきりあみを持《も》ち出《だ》し
たんだ。［㋐］、わしが
いたずらをして、うなぎを
取《と》ってきてしまった。［㋑］、
兵十《ひょうじゅう》は、おっかあにうなぎを
食《た》べさせることができなかった。
そのまま、おっかあは、
死《し》んじゃったにちがいない。
ああ、うなぎが食《た》べたい、
うなぎが食《た》べたいと
思《おも》いながら死《し》んだんだろう。
ちょっ、㋒あんないたずらを
しなけりゃよかった。」

※とこにつく…病気《びょうき》になって、ねこむ。

（令和二年度版　光村図書　国語四下　はばたき　新美《にいみ》　南吉《なんきち》）

(1) 上《うえ》の文章《ぶんしょう》のかぎ(「　」)の中《なか》の文《ぶん》は、どんなことを表《あらわ》していますか。○をつけましょう。

(○)ごんが考《かんが》えたこと。
(　)ごんが兵十《ひょうじゅう》に言《い》ったこと。

(2) ［㋐］、［㋑］にあてはまる言葉《ことば》を［　］から選《えら》んで書《か》きましょう。

［だから・ところが］

㋐［ところが］

㋑［だから］

(3) ㋒あんないたずらとは、どんないたずらでしたか。

［［兵十］がつかまえた［うなぎ］を、ごんが取《と》ってきてしまったこと。］



## 10頁

### ごんぎつね (6)

名前

● 次《つぎ》の文章《ぶんしょう》を二回読《にかいよ》んで、答《こた》えましょう。

①

［兵十《ひょうじゅう》のうなぎをとってしまったごんは、そのあと、くりや松《まつ》たけをこっそりと兵十《ひょうじゅう》にとどけるようになりました。あるばん、ごんは道《みち》ばたで兵十《ひょうじゅう》と加助《かすけ》がくりや松《まつ》たけのことを話《はな》しているのを耳《みみ》にします。］

兵十《ひょうじゅう》と加助《かすけ》は、また
いっしょに帰《かえ》っていきます。
ごんは、二人《ふたり》の話《はなし》を聞《き》こうと
思《おも》って、ついていきました。
㋐兵十《ひょうじゅう》のかげぼうしをふみふみ
行《い》きました。

②

お城《しろ》の前《まえ》まで来《き》たとき、
加助《かすけ》が言《い》いだしました。
㋑「さっきの話《はなし》は、
きっと、そりゃあ、
神様《かみさま》のしわざだぞ。」
㋒「えっ。」
と、兵十《ひょうじゅう》はびっくりして、
加助《かすけ》の顔《かお》を見《み》ました。

（令和二年度版　光村図書　国語四下　はばたき　新美《にいみ》　南吉《なんきち》）

①

(1) ごんは、何《なに》を聞《き》こうと思《おも》って、兵十《ひょうじゅう》と加助《かすけ》についていきましたか。

［二人の話］

(2) ㋐兵十《ひょうじゅう》のかげぼうしをふみふみ行《い》きました。から、ごんのどんな様子《ようす》が分《わ》かりますか。

(　)ごんが、兵十《ひょうじゅう》とかげふみ遊《あそ》びをしている様子《ようす》。
(○)ごんが、兵十《ひょうじゅう》のかげをふめるほど、すぐ近《ちか》くをついていく様子《ようす》。

②

(1) ㋑、㋒の言葉《ことば》は、それぞれだれが言《い》った言葉《ことば》ですか。

㋑［加助］

㋒［兵十］

(2) びっくりした兵十《ひょうじゅう》が見《み》たものは、何《なん》でしたか。

［加助の顔］



## 11頁

### ごんぎつね (7)

名前

● 次《つぎ》の文章《ぶんしょう》を二回読《にかいよ》んで、答《こた》えましょう。

①

［加助《かすけ》は、毎日《まいにち》のようにくりや松《まつ》たけが兵十《ひょうじゅう》にとどけられているのは、神様《かみ》のしわざだと言《い》いだしました。］

㋐「おれはあれからずっと考《かんが》えて
いたが、どうも、そりゃ、
人間《にんげん》じゃない、神様《かみさま》だ。
神様《かみさま》が、おまえがたった
一人《ひとり》になったのをあわれに
思《おも》わっしゃって、いろんな物《もの》を
めぐんでくださるんだよ。」
「そうかなあ。」
㋑「そうだとも。だから、毎日《まいにち》、
神様《かみさま》にお礼《れい》を言《い》うがいいよ。」
「うん。」

※あわれに…かわいそうに。

②

ごんは、「へえ、こいつは
つまらないな。」と思《おも》いました。
「おれがくりや松《まつ》たけを持《も》って
いってやるのに、そのおれには
お礼《れい》を言《い》わないで、
神様《かみさま》にお礼《れい》を
言《い》うんじゃあ、おれは
引《ひ》き合《あ》わないなあ。」

（令和二年度版　光村図書　国語四下　はばたき　新美《にいみ》　南吉《なんきち》）

①

(1) ㋐、㋑は加助《かすけ》の言葉《ことば》です。加助《かすけ》は、神様《かみさま》が兵十《ひょうじゅう》のことをどのように思《おも》っていると考《かんが》えましたか。

兵十《ひょうじゅう》が［たった一人］になったのを［あわれ］にお思《おも》いになっている。

(2) 加助《かすけ》は、兵十《ひょうじゅう》に、毎日《まいにち》どうするといいと言《い》いましたか。

［神様にお礼を言う(といい)。］

②

加助《かすけ》と兵十《ひょうじゅう》の話《はなし》を聞《き》いたごんは、何《なん》と思《おも》いましたか。一《ひと》つに○をつけましょう。

(　)おれのことを神様《かみさま》と思《おも》うなんて、おもしろいな。
(○)おれじゃなくて神様《かみさま》にお礼《れい》を言《い》うなんて、がんばったかいがないなあ。
(　)おれが神様《かみさま》になったみたいでうれしいな。

## 12頁

ごんぎつね (8)

名前

● 次《つぎ》の文章《ぶんしょう》を二回《にかい》読《よ》んで、答《こた》えましょう。

1

その明《あ》くる日《ひ》も、ごんは、くりを持《も》って、兵十《ひょうじゅう》のうちへ出《で》かけました。兵十《ひょうじゅう》は、物置《ものおき》で縄《なわ》をなっていました。それで、ごんは、うちのうら口《ぐち》から、こっそり中《なか》へ入《はい》りました。

※縄《なわ》をなう…わらをねじり合《あ》わせて、縄《なわ》をつくること。

2

㋐そのとき兵十《ひょうじゅう》は、ふと顔《かお》を上《あ》げました。と、きつねがうちの中《なか》へ入《はい》ったではありませんか。こないだ、うなぎをぬすみやがったあのごんぎつねめが、またいたずらをしに来《き》たな。

（令和二年度版　光村図書　国語四下　はばたき　新美《にいみ》　南吉《なんきち》）

1

(1) ごんは、何《なに》を持《も》って、兵十《ひょうじゅう》のうちへ出《で》かけましたか。

［くり］

(2) ごんは、兵十《ひょうじゅう》のうちの中《なか》へどこから入《はい》りましたか。

［(うちの)うら口］

2

(1) ㋐そのときとは、いつのことですか。

ごんが、［(兵十の)うちの中へ入った］とき。

(2) 兵十《ひょうじゅう》は、ごんが何《なに》をしに来《き》たと思《おも》いましたか。文中《ぶんちゅう》の言葉《ことば》四文字《よんもじ》で答《こた》えましょう。

［いたずら］

12

## 13頁

ごんぎつね (9)

名前

● 次《つぎ》の文章《ぶんしょう》を二回《にかい》読《よ》んで、答《こた》えましょう。

1

［兵十《ひょうじゅう》は、ごんがうちの中《なか》へ入《はい》っていくのに気《き》がつきました。］

「ようし。」

兵十《ひょうじゅう》は立《た》ち上《あ》がって、なやにかけてある火縄《ひなわ》じゅうを取《と》って、火薬《かやく》をつめました。そして、㋐足音《あしおと》をしのばせて近《ちか》よって、今《いま》、戸口《とぐち》を出《で》ようとするごんを、ドンとうちました。

ごんは、ばたりとたおれました。

※火縄《ひなわ》じゅう…昔《むかし》のてっぽう。

2

兵十《ひょうじゅう》はかけよってきました。うちの中《なか》を見《み》ると、土間《どま》にくりがかためて置《お》いてあるのが、目《め》につきました。

（令和二年度版　光村図書　国語四下　はばたき　新美《にいみ》　南吉《なんきち》）

1

(1) ㋐足音《あしおと》をしのばせてごんに近《ちか》よった兵十《ひょうじゅう》は、どんな気持《きも》ちでしたか。○をつけましょう。

（○）ごんに気《き》づかれないように近《ちか》づいてやっつけよう。

（　）ごんが何《なに》をしに来《き》たのか聞《き》いてみよう。

(2) 兵十《ひょうじゅう》は、ごんを何《なに》でうちましたか。

［火縄じゅう］

(3) うたれたごんは、どうなりましたか。

［ばたりとたおれた。(たおれました)］

2

うちの中《なか》を見《み》た兵十《ひょうじゅう》は、どんなことに気《き》がつきましたか。

［土間］に［くり］がかためて置《お》いてあること。

13

## 14頁

ごんぎつね (10)

名前

● 次《つぎ》の文章《ぶんしょう》を二回《にかい》読《よ》んで、答《こた》えましょう。

1

［かけよってきた兵十《ひょうじゅう》がうちの中《なか》を見《み》ると、土間《どま》にくりが固《かた》めて置《お》いてあるのが、目《め》につきました。］

「おや。」

と、兵十《ひょうじゅう》はびっくりして、ごんに目《め》を落《お》としました。

「ごん、おまい（おまえ）だったのか、いつも、くりをくれたのは。」

ごんは、ぐったりと目《め》をつぶったまま、うなずきました。

2

兵十《ひょうじゅう》は、火縄《ひなわ》じゅうをばたりと取《と》り落《お》としました。青《あお》いけむりが、まだつつ口《ぐち》から細《ほそ》く出《で》ていました。

（令和二年度版　光村図書　国語四下　はばたき　新美《にいみ》　南吉《なんきち》）

1

(1) 「おや。」と兵十《ひょうじゅう》がびっくりしたのは、どんなことに気《き》づいたからですか。

いつも［くり］をくれていたのが、［ごん］だったということ。

(2) 兵十《ひょうじゅう》の言葉《ことば》を聞《き》いたごんは、どうしましたか。文中《ぶんちゅう》から一文《いちぶん》を書《か》き出《だ》しましょう。

［ごんは、ぐったりと目をつぶったまま、うなずきました。］

2

兵十《ひょうじゅう》が火縄《ひなわ》じゅうを取《と》り落《お》としたあとの、情景《じょうけい》がよく分《わ》かる一文《いちぶん》を文中《ぶんちゅう》から書《か》き出《だ》しましょう。

［青いけむりが、まだつつ口から細く出ていました。］

※情景《じょうけい》…人物《じんぶつ》の気持《きも》ちが表《あらわ》れている、風景《ふうけい》や場面《ばめん》の様子《ようす》のこと。

14

## 15頁

全文読解《ぜんぶんどっかい》

ごんぎつね (11)

名前

教科書《きょうかしょ》の「ごんぎつね」の全文《ぜんぶん》を読《よ》んで、答《こた》えましょう。

● 次《つぎ》の1～6の場面《ばめん》のごんや兵十《ひょうじゅう》の様子《ようす》で、（　）にあてはまる言葉《ことば》を□から選《えら》んで書《か》きましょう。

1 兵十《ひょうじゅう》に（いたずら）を見《み》つけられ、（うなぎ）を首《くび》にまきつけたまま、にげるごん。

2 兵十《ひょうじゅう》のお母《かあ》さんのそうしきで、兵十《ひょうじゅう》の様子《ようす》を（かげ）から見《み》るごん。

3 うなぎをとったつぐないに、くりなどを兵十《ひょうじゅう》の（うち）にとどけるようになったごん。

4 月《つき》のいいばん、兵十《ひょうじゅう》が加助《かすけ》に「（くり）や松《まつ》たけをだれかが毎日《まいにち》くれる」と話《はな》しているのを聞《き》くごん。

5 自分《じぶん》がとどけていることを「（神様）がしたこと」と言《い》われ、「引《ひ》き合《あ》わないなあ。」と思《おも》うごん。

6 兵十《ひょうじゅう》は、（火縄じゅう）でごんをうってしまう。

・いたずら　・神様《かみさま》　・火縄《ひなわ》じゅう　・うち
・かげ　・つぐない　・うなぎ　・くり

15　(122%に拡大してご使用ください)

# 解答例

本書の解答は，あくまでもひとつの例です。児童に取り組ませる前に，必ず指導される方が問題を解いてください。指導される方の作られた解答をもとに，児童の多様な考えに寄り添って○つけをお願いします。

## 16頁

季節《きせつ》の言葉《ことば》3
**秋《あき》の楽《たの》しみ (1)**
名前

(1) 次《つぎ》の説明《せつめい》に合《あ》う、秋《あき》に関係《かんけい》する行事《ぎょうじ》の名前《なまえ》や言葉《ことば》を□から選《えら》んで書《か》きましょう。

① 月《つき》をながめて楽《たの》しむこと。 **お月見**
② 秋《あき》の野山《のやま》でカエデなどの紅葉《こうよう》をながめて楽《たの》しむこと。 **もみじがり**
③ 秋《あき》を代表《だいひょう》するものとされる、七《なな》つの草花《くさばな》。 **秋の七草**
④ 十一月十五日《じゅういちがつじゅうごにち》に行《おこな》われる、子《こ》どもの成長《せいちょう》を祝《いわ》う行事《ぎょうじ》。晴《は》れ着《ぎ》を着《き》て、神社《じんじゃ》などにおまいりをする。 **七五三**

・七五三《しちごさん》　・お月見《つきみ》
・秋《あき》の七草《ななくさ》　・もみじがり

(2) 次《つぎ》の言葉《ことば》に関係《かんけい》が深《ふか》い言葉《ことば》を下《した》から選《えら》んで、――線《せん》でむすびましょう。

① お月見《つきみ》　　ちとせあめ
② もみじがり　　いちょう
③ 七五三《しちごさん》　　月見《つきみ》だんご

（解答：①―月見だんご、②―いちょう、③―ちとせあめ）

16

## 17頁

季節《きせつ》の言葉《ことば》3
**秋《あき》の楽《たの》しみ (2)**
名前

(1) 次《つぎ》の文《ぶん》は、「お月見《つきみ》」の言葉《ことば》をくわしく説明《せつめい》しているものです。（　）にあてはまる言葉《ことば》を□から選《えら》んで書《か》きましょう。

「お月見《つきみ》」とは、昔《むかし》のこよみの八月十五日《はちがつじゅうごにち》に、（**中秋の名月**）とよばれる満月《まんげつ》をながめることなどをいう。
お月見《つきみ》のときは、（**月見だんご**）と、その年《とし》にとれたくりやいもなどの作物《さくもつ》をそなえ、秋《あき》の七草《ななくさ》の一《ひと》つの（**すすき**）をかざる。

・月見《つきみ》だんご　・すすき　・中秋《ちゅうしゅう》の名月《めいげつ》

(2) 次《つぎ》の短歌《たんか》を読《よ》んで、答《こた》えましょう。

ちはやぶる神代《かみよ》も聞《き》かず竜田川《たつたがわ》
から紅《くれない》に水《みず》くくるとは
在原《ありわらの》業平《なりひら》

（令和二年度版　光村図書　国語四下　はばたき「秋の楽しみ」による）

● 上《うえ》の短歌《たんか》を五《ご》・七《しち》・五《ご》・七《しち》・七《しち》の五《いつ》つの部分《ぶぶん》に分《わ》けて、ひらがなで書《か》きましょう。

**ちはやぶる**
**かみよもきかず**
**たつたがわ**
**からくれないに**
**みずくくるとは**

17

## 18頁

**クラスみんなで決《き》めるには**
名前

教科書《きょうかしょ》の「クラスみんなで決《き》めるには」を読《よ》んで、答《こた》えましょう。

● 次《つぎ》の話《はな》し合《あ》いの一部《いちぶ》の文章《ぶんしょう》を二回《にかい》読《よ》んで、答《こた》えましょう。

北山《きたやま》　今日《きょう》は、ちいきの学習《がくしゅう》でお世話《せわ》になった坂《さか》さんたちへのお礼《れい》の会《かい》で、何《なに》をするかを決《き》めます。初《はじ》めに、何《なに》をしたいか、意見《いけん》を出《だ》し合《あ》います。次《つぎ》に、どうやって決《き》めるかを考《かんが》え、その決《き》め方《かた》にそって話《はな》し合《あ》います。
　それでは、意見《いけん》のある人《ひと》は、手《て》を挙《あ》げてください。――では、池田《いけだ》さん、小森《こもり》さん、大木《おおき》さんの順《じゅん》でおねがいします。

池田《いけだ》　はい。ぼくは、かんしゃじょうをわたしたいと思《おも》います。そうすれば、ぼくたちの気持《きも》ちを言葉《ことば》にして伝《つた》えることができるからです。

小森《こもり》　ぼくも、池田《いけだ》さんと同《おな》じように、かんしゃじょうがいいと思《おも》います。クラス全員《ぜんいん》でひと言《こと》ずつ書《か》くといいのではないでしょうか。

大木《おおき》　わたしは別《べつ》の意見《いけん》なのですが、学校農園《がっこうのうえん》で作《つく》っているさつまいもを、いっしょに食《た》べるといいと思《おも》います。理由《りゆう》は、――。

（令和二年度版　光村図書　国語四下　はばたき「クラスみんなで決めるには」による）

(1) 話《はな》し合《あ》いで、司会《しかい》の役《やく》わりをしているのは、だれですか。
**北山** さん

(2) 話《はな》し合《あ》いの議題《ぎだい》は、何《なん》ですか。○をつけましょう。
（　）ちいきの学習《がくしゅう》で何《なに》を学習《がくしゅう》するか。
（○）お礼《れい》の会《かい》で何《なに》をするか。

(3) 池田《いけだ》さんがかんしゃじょうをわたしたいと考《かんが》えたのは、なぜですか。
**ぼくたちの気持ちを言葉にして伝えることができる** から。

(4) 池田《いけだ》さんの意見《いけん》にさんせいしている人《ひと》は、だれですか。
**小森** さん

18

## 19頁

**世界《せかい》にほこる和紙《わし》 (1)**
名前

● 次《つぎ》の文章《ぶんしょう》を二回《にかい》読《よ》んで、答《こた》えましょう。

1
二〇一四年十一月二十六日《にせんじゅうよねんじゅういちがつにじゅうろくにち》、和紙《わし》を作《つく》る日本《にほん》の伝統的《でんとうてき》なぎじゅつが、ユネスコの無形《むけい》文化遺産《ぶんかいさん》に登録《とうろく》されました。

2
紙《かみ》は、せんいというとても細《ほそ》い糸《いと》のようなものでできています。植物《しょくぶつ》から取《と》り出《だ》したせんいを、人《ひと》の手《て》によって、ていねいにからませて作《つく》る日本《にほん》のわざが、世界《せかい》にみとめられたのです。日常生活《にちじょうせいかつ》では、機械《きかい》で作《つく》られた洋紙《ようし》とよばれる紙《かみ》を使《つか》うことが多《おお》くなりましたが、日本《にほん》には、このすばらしいぎじゅつによって作《つく》られた和紙《わし》もあるのです。

（令和二年度版　光村図書　国語四下　はばたき　増田《ますだ》勝彦《かつひこ》）

1 二〇一四年十一月二十六日《にせんじゅうよねんじゅういちがつにじゅうろくにち》、ユネスコの無形文化遺産《むけいぶんかいさん》に登録《とうろく》されたのは、何《なん》ですか。
**和紙** を作《つく》る日本《にほん》の伝統的《でんとうてき》な **ぎじゅつ**。

2
(1) 紙《かみ》は、どんなものでできていますか。
**せんい** というとても **細い糸** のようなもの。

(2) 和紙《わし》は、どのように作《つく》られていますか。文中《ぶんちゅう》の言葉《ことば》三文字《さんもじ》を書《か》き出《だ》して答《こた》えましょう。
**人の手** によってていねいに作《つく》られている。

(3) 洋紙《ようし》は、どのように作《つく》られていますか。文中《ぶんちゅう》の言葉《ことば》二文字《にもじ》を書《か》き出《だ》して答《こた》えましょう。
**機械** で作《つく》られている。

※「日本《にほん》」は「にっぽん」とも読《よ》みます。

19

## 20頁

### 世界《せかい》にほこる和紙《わし》 (2)

名前

● 次《つぎ》の文章《ぶんしょう》を二回読《にかいよ》んで、答《こた》えましょう。

1

わたしは、和紙《わし》のことをほこりに思《おも》っています。そして、より多《おお》くの人《ひと》に和紙《わし》のよさを知《し》ってもらい、使《つか》ってほしいと考《かんが》えています。

※ほこり…じまん。

2

なぜなら、和紙《わし》には洋紙《ようし》にはないよさがあり、和紙《わし》を選《えら》んで使《つか》うことは、自分《じぶん》の気持《きも》ちを表《あらわ》す方法《ほうほう》の一《ひと》つだからです。

（令和二年度版　光村図書　国語四下　はばたき　増田《ますだ》　勝彦《かつひこ》）

1 和紙《わし》について、わたし（筆者《ひっしゃ》）の考《かんが》えていることを、二《ふた》つ書《か》きましょう。

**ほこり** に思《おも》っている。

より多《おお》くの人《ひと》に和紙《わし》の **よさ** を知《し》ってもらい、**使って** ほしい。

2 わたし（筆者《ひっしゃ》）が、1のように考《かんが》えているのは、なぜですか。二《ふた》つ書《か》きましょう。

和紙《わし》には **洋紙にはないよさ** があるから。

和紙《わし》を選《えら》んで使《つか》うことは、**自分の気持ちを表す方法の一つ** だから。



## 21頁

### 世界《せかい》にほこる和紙《わし》 (3)

名前

● 次《つぎ》の文章《ぶんしょう》を二回読《にかいよ》んで、答《こた》えましょう。

1

まず、和紙《わし》のよさについて考《かんが》えてみましょう。和紙《わし》には、洋紙《ようし》とくらべて、やぶれにくく、長《なが》もちするという二《ふた》つのとくちょうがあります。このようなちがいは、何《なに》によって生《う》まれるのでしょうか。

※とくちょう…とくにすぐれているところ。

2

紙《かみ》のやぶれにくさは、せんいの長《なが》さのちがいが関係《かんけい》しています。紙《かみ》は、そこにふくまれるせんいが長《なが》いほど、よりやぶれにくくなります。そして、洋紙《ようし》と和紙《わし》をくらべると、和紙《わし》はとても長《なが》いせんいでできています。そのため、和紙《わし》は、洋紙《ようし》よりもやぶれにくいのです。

（令和二年度版　光村図書　国語四下　はばたき　増田《ますだ》　勝彦《かつひこ》）

1

(1) まず、何《なに》について考《かんが》えてみようといっていますか。

**和紙のよさ**

(2) 和紙《わし》には、洋紙《ようし》とくらべて、どんなとくちょうがありますか。二《ふた》つ書《か》きましょう。

**やぶれにくい**

**長もちする**

2

(1) 紙《かみ》のやぶれにくさは、何《なに》が関係《かんけい》していますか。

**せんいの長さ（のちがい）**

(2) 和紙《わし》が、洋紙《ようし》よりもやぶれにくいのは、なぜですか。

和紙《わし》は、とても **長いせんい** でできているから。



## 22頁

### 世界《せかい》にほこる和紙《わし》 (4)

名前

● 次《つぎ》の文章《ぶんしょう》を二回読《にかいよ》んで、答《こた》えましょう。

1

〔和紙《わし》には、洋紙《ようし》とくらべて、やぶれにくく、長《なが》もちするという二《ふた》つのとくちょうがあります。〕

紙《かみ》が長《なが》もちするかどうかは、作《つく》り方《かた》のちがいによります。洋紙《ようし》を作《つく》るときには、とても高《たか》い温度《おんど》にしたり、多《おお》くの薬品《やくひん》を使《つか》ったりします。しかし、和紙《わし》を作《つく》るときには、洋紙《ようし》ほど高《たか》い温度《おんど》にすることはなく、薬品《やくひん》もあまり使《つか》いません。

2

よりおだやかなかんきょうで作《つく》られている和紙《わし》は、時間《じかん》がたっても紙《かみ》の成分《せいぶん》が変化《へんか》しにくく、その結果《けっか》、長《なが》もちするのです。

（令和二年度版　光村図書　国語四下　はばたき　増田《ますだ》　勝彦《かつひこ》）

1

(1) 紙《かみ》が長《なが》もちするかどうかは、何《なに》によりますか。

**作り方のちがい**

(2) 洋紙《ようし》を作《つく》るときと、和紙《わし》を作《つく》るときで、どんなちがいがあるといっていますか。二《ふた》つ選《えら》んで○をつけましょう。

（　）作《つく》る場所《ばしょ》。
（○）温度《おんど》の高《たか》さ。
（　）時間《じかん》の長《なが》さ。
（○）使《つか》う薬品《やくひん》の量《りょう》。

2

(1) 和紙《わし》は、どんなかんきょうで作《つく》られていますか。

洋紙《ようし》より **おだやかな** かんきょう。

(2) (1)のかんきょうで作《つく》られている和紙《わし》は、結果《けっか》として、どうなるのですか。

**長もちする**



## 23頁

### 百科事典《ひゃっかじてん》での調《しら》べ方《かた》

名前

教科書《きょうかしょ》の「百科事典《ひゃっかじてん》での調《しら》べ方《かた》」を読《よ》んで、答《こた》えましょう。

(1) 次《つぎ》の言葉《ことば》について説明《せつめい》している文章《ぶんしょう》を□から選《えら》んで、記号《きごう》で答《こた》えましょう。

① 百科事典《ひゃっかじてん》　**㋒**

② 見出《みだ》し語《ご》　**㋐**

③ さくいん　**㋑**

㋐ 辞典《じてん》などで、行《ぎょう》の初《はじ》めに太《ふと》い文字《もじ》でしめしてある言葉《ことば》。

㋑ 本《ほん》の中《なか》にある言葉《ことば》や物事《ものごと》が、どのページにあるのかを五十音順《ごじゅうおんじゅん》などでしめしてあるもの。

㋒ あらゆる分野《ぶんや》の事《こと》がらを五十音順《ごじゅうおんじゅん》にならべ、その一《ひと》つ一《ひと》つについて説明《せつめい》した本《ほん》。

(2) 次《つぎ》の文《ぶん》は、百科事典《ひゃっかじてん》で調《しら》べるときの手順《てじゅん》について説明《せつめい》したものです。｛　｝の中《なか》であてはまる方《ほう》の言葉《ことば》を○でかこみましょう。

① まず、調《しら》べたい事《こと》がらの見出《みだ》し語《ご》がのっている｛**巻《かん》**（○）・目次《もくじ》｝をさがす。

見出《みだ》し語《ご》のさがし方《かた》には、次《つぎ》の二《ふた》つの方法《ほうほう》がある。

・それぞれの巻《かん》の｛色《いろ》・**背《せ》**（○）｝からさがす。

・「さくいん」の巻《かん》からさがす。

② 次《つぎ》に、見出《みだ》し語《ご》がのっているページをさがす。

百科事典《ひゃっかじてん》は、｛**国語《こくご》**（○）・漢字《かんじ》｝辞典《じてん》のように、見出《みだ》し語《ご》が五十音順《ごじゅうおんじゅん》にならんでいるので、「柱《はしら》」や「つめ」を手《て》がかりにページをさがす。

本書の解答は，あくまでもひとつの例です。児童に取り組ませる前に，必ず指導される方が問題を解いてください。指導される方の作られた解答をもとに，児童の多様な考えに寄り添って○つけをお願いします。

## 24頁

### 伝統工芸《でんとうこうげい》のよさを伝《つた》えよう (1)

名前

教科書《きょうかしょ》の「伝統工芸《でんとうこうげい》のよさを伝《つた》えよう」を読《よ》んで、答《こた》えましょう。

(1) 次《つぎ》の文章《ぶんしょう》は、「リーフレット」について説明《せつめい》したものです。（　）にあてはまる言葉《ことば》を□から選《えら》んで書《か》きましょう。

せんでんや（**説明**）などを記《しる》した（**紙**）で、できたもので、二《ふた》つ折《お》りていどの（**かんたん**）な作《つく》りのもの。

・紙《かみ》　・かんたん　・説明《せつめい》

(2) 伝統工芸《でんとうこうげい》のよさについて調《しら》べ、理由《りゆう》や例《れい》とともにリーフレットにまとめようとしています。次《つぎ》の図《ず》は、「博多《はかた》おりのよさ」について調《しら》べたことを、図《ず》で整理《せいり》してまとめた例《れい》です。①～③にあてはまる言葉《ことば》を□から選《えら》んで書《か》きましょう。

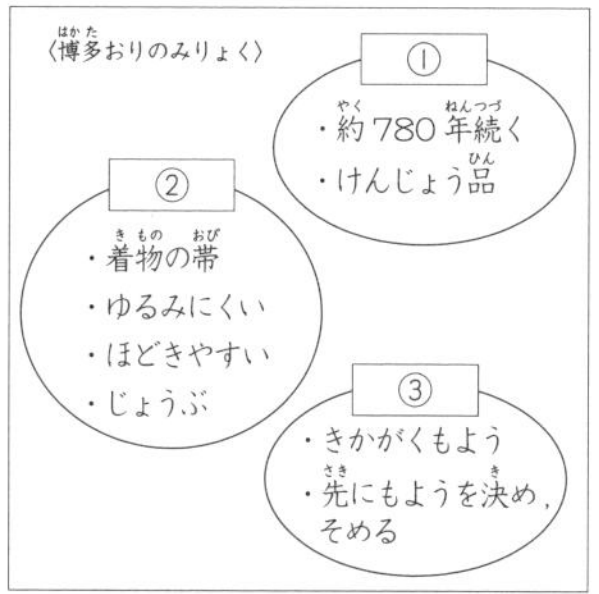


（令和二年度版　光村図書　国語四下　はばたき「伝統工芸のよさを伝えよう」による）

① **れきし**
② **使いやすさ**
③ **美しさ**

・使《つか》いやすさ　・美《うつく》しさ　・れきし

## 25頁

### 伝統工芸《でんとうこうげい》のよさを伝《つた》えよう (2)

名前

教科書《きょうかしょ》の「伝統工芸《でんとうこうげい》のよさを伝《つた》えよう」を読《よ》んで、答《こた》えましょう。

● 調《しら》べた「博多《はかた》おり」のよさを説明《せつめい》する文章《ぶんしょう》を書《か》く前《まえ》に、組《く》み立《た》てを考《かんが》えます。次《つぎ》の文章《ぶんしょう》の組《く》み立《た》ての例《れい》を読《よ》んで、問題《もんだい》に答《こた》えましょう。

| 初《はじ》め | 中《なか》 | 終《お》わり |
| --- | --- | --- |
| 博多《はかた》おりの説明《せつめい》<br>博多《はかた》おりには、さまざまなみりょくがある。<br>㋐ | みりょく[1]<br>「使《つか》いやすさ」について<br>・ゆるみにくく、ほどきやすい。（写真《しゃしん》①）<br>・着物《きもの》の帯《おび》に使《つか》われる。（写真《しゃしん》②）<br>・ぶしが刀《かたな》を差《さ》すときの帯《おび》にした。<br>みりょく[2]<br>「美《うつく》しさ」について<br>・先《さき》にもようを決《き》め、糸《いと》をそめてから、おる。（写真《しゃしん》③）<br>・細《こま》かいきかがくもよう。（写真《しゃしん》④）<br>㋑ | まとめ<br>㋒ |

（令和二年度版　光村図書四下　国語　はばたき「伝統工芸のよさを伝えよう」による）

(1) 上《うえ》の組《く》み立《た》ての例《れい》にあてはまるものには○、あてはまらないものには×をつけましょう。

（×）「初《はじ》め」に、まとめを書《か》いている。
（○）博多《はかた》おりについての説明《せつめい》を「初《はじ》め」に書《か》いている。
（×）博多《はかた》おりのよさの理由《りゆう》としてみりょくを一《ひと》つだけ挙《あ》げている。
（○）みりょく[1]、[2]を順《じゅん》に、「中《なか》」に書《か》いている。
（×）写真《しゃしん》は一枚《いちまい》だけ使《つか》う。
（○）それぞれのみりょくの説明文《せつめいぶん》にあわせた写真《しゃしん》を使《つか》う。

(2) 組《く》み立《た》てにそって文章《ぶんしょう》を書《か》くとき、参考《さんこう》にした本《ほん》などは、「出典《しゅってん》」として、ふつう、どこにまとめて書《か》いておきますか。一《ひと》つに○をつけましょう。

（　）文章《ぶんしょう》の最初《さいしょ》㋐
（　）組《く》み立《た》ての「中《なか》」のあと㋑
（○）文章《ぶんしょう》の終《お》わり㋒

※出典《しゅってん》…引用《いんよう》したり参考《さんこう》にしたりした本《ほん》や資料《しりょう》のこと。



## 26頁

### 慣用句《かんようく》 (1)

名前

「羽《はね》をのばす」という言葉《ことば》は、本当《ほんとう》に羽《はね》をのばすわけではなく、『自由《じゆう》にのびのびする』という意味《いみ》で使《つか》われることがあります。このように、いくつかの言葉《ことば》が組《く》み合《あ》わさって、新《あたら》しい意味《いみ》をもつようになった決《き》まり文句《もんく》を「慣用句《かんようく》」といいます。

(1) 次《つぎ》の——線《せん》の慣用句《かんようく》の意味《いみ》を□から選《えら》んで、記号《きごう》で答《こた》えましょう。

① ごちそうを前《まえ》にして心《こころ》がおどる。　**㋑**
② 新《あたら》しくやってきた転校生《てんこうせい》とは馬《うま》が合《あ》う。　**㋒**
③ あの姉妹《しまい》は、うり二《ふた》つだ。　**㋐**
④ 宿題《しゅくだい》にとりかかって、ようやくエンジンがかかる。　**㋓**

㋐ そっくり。　㋑ うれしくてわくわくする。
㋒ 気《き》が合《あ》う。　㋓ 調子《ちょうし》が出始《ではじ》める。

(2) 次《つぎ》の慣用句《かんようく》の□には、動物《どうぶつ》の名前《なまえ》が入《はい》ります。□から選《えら》んで慣用句《かんようく》を完成《かんせい》させましょう。

① 借《か》りてきた **ねこ**
【意味《いみ》】ふだんとちがっておとなしいこと。

② ふくろの **ねずみ**
【意味《いみ》】追《お》いつめられてどこにもにげる場所《ばしょ》がないこと。

ねずみ・ねこ

## 27頁

### 慣用句《かんようく》 (2)

名前

(1) 次《つぎ》の——線《せん》の慣用句《かんようく》の意味《いみ》を□から選《えら》んで、記号《きごう》で答《こた》えましょう。

① あの人《ひと》は町内《ちょうない》で顔《かお》が広《ひろ》い。　**㋐**
② むずかしいクイズに頭《あたま》をひねる。　**㋒**
③ 兄弟《きょうだい》そろってリレーの選手《せんしゅ》だなんて、鼻《はな》が高《たか》い。　**㋑**

㋐ 知《し》り合《あ》いがたくさんいる。
㋑ じまんに思《おも》う。
㋒ あれこれとよく考《かんが》える。

(2) 次《つぎ》の①～③が慣用句《かんようく》になるように、□にあてはまる動物《どうぶつ》を□から選《えら》んで書《か》きましょう。また、その意味《いみ》を下《した》から選《えら》んで——線《せん》でむすびましょう。

① **すずめ** のなみだ
② **つる** の一声《ひとこえ》
③ **ねこ** のひたい

たいへんせまい場所《ばしょ》のこと。
ほんの少《すこ》ししかないこと。
多《おお》くの意見《いけん》をおさえこむ力《ちから》をもった人《ひと》のひとこと。

ねこ・すずめ・つる

## 28頁

### 慣用句《かんようく》 (3)

名前

(1) 次《つぎ》の①〜③が慣用句《かんようく》になるように、□にあてはまる体《からだ》の一部《いちぶ》を表《あらわ》す言葉《ことば》を□から選《えら》んで書《か》きましょう。また、その意味《いみ》を下《した》から選《えら》んで——線《せん》でむすびましょう。

① **口** がすべる
② **耳** が早《はや》い
③ **目** が高《たか》い

ねうちを見《み》ぬく力《ちから》がすぐれている。
うわさやニュースを知《し》るのが早《はや》い。
うっかり言《い》ってしまう。

耳《みみ》・目《め》・口《くち》

(2) 次《つぎ》の①〜③の■には、それぞれ同《おな》じ漢字《かんじ》が入《はい》ります。次《つぎ》の言葉《ことば》が慣用句《かんようく》になるように、体《からだ》の一部《いちぶ》を表《あらわ》す漢字《かんじ》を□から選《えら》んで□に書《か》きましょう。

① **目**
・■が回《まわ》る
・■をうたがう
・■を丸《まる》くする

② **頭**
・■をひねる
・■をひやす
・■をかかえる

③ **足**
・■がすくむ
・■がぼうになる
・■を引《ひ》っぱる

足《あし》・目《め》・頭《あたま》

## 29頁

### 慣用句《かんようく》 (4)

名前

(1) 次《つぎ》の——線《せん》の慣用句《かんようく》の意味《いみ》を□から選《えら》んで、記号《きごう》で答《こた》えましょう。

① 大事《だいじ》な話《はなし》をしっかり聞《き》こうと、えりを正《ただ》す。 **㋑**
② 町内会長《ちょうないかいちょう》は、町《まち》のごみ問題《もんだい》にメスを入《い》れると約束《やくそく》した。 **㋒**
③ これまでがんばってきたことが実《み》を結《むす》ぶ。 **㋐**

㋐ 気持《きも》ちを引《ひ》きしめる。
㋑ よい結果《けっか》を生《う》む。
㋒ 物事《ものごと》をかいけつするために思《おも》い切《き》った方法《ほうほう》をとる。

(2) 次《つぎ》の（　）にあてはまる慣用句《かんようく》を□から選《えら》んで書《か》きましょう。

① しゅみが同《おな》じ二人《ふたり》の（**仲を取りもつ**）のは、かんたんだ。
② 終《お》わったことは、（**水に流す**）ことにした。
③ 姉《あね》が、生《う》まれたばかりの赤《あか》ちゃんの（**世話を焼く**）。

水《みず》に流《なが》す・世話《せわ》を焼《や》く・仲《なか》を取《と》りもつ

## 30頁

### 短歌《たんか》 短歌《たんか》・俳句《はいく》に親《した》しもう（二） (1)

名前

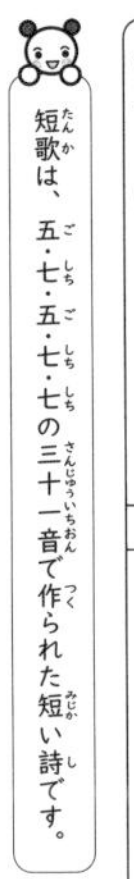


● 次《つぎ》の短歌《たんか》とその意味《いみ》を二回《にかい》読《よ》んで、答《こた》えましょう。

晴《は》れし空仰《そらあお》げばいつも
口笛《くちぶえ》を吹《ふ》きたくなりて
吹《ふ》きてあそびき

石川《いしかわ》　啄木《たくぼく》

（意味《いみ》）
晴《は》れた空《そら》を見上《みあ》げると、
いつも口笛《くちぶえ》を吹《ふ》きたくなって、
それを吹《ふ》いて遊《あそ》んでいた。

（令和二年度版　光村図書　国語四下　はばたき「短歌・俳句に親しもう（二）」による）

(1) 上《うえ》の短歌《たんか》を、言葉《ことば》の調子《ちょうし》のいいところで五《いつ》つの部分《ぶぶん》に分《わ》けて、ひらがなで書《か》きましょう。

「**はれしそら**」
「**あおげばいつも**」
「**くちぶえを**」
「**ふきたくなりて**」
「**ふきてあそびき**」

(2) 晴《は》れた空《そら》を見上《みあ》げると、いつも何《なに》を吹《ふ》きたくなるとうたっていますか。

「**口笛**」



## 31頁

### 短歌《たんか》 短歌《たんか》・俳句《はいく》に親《した》しもう（二） (2)

名前

● 次《つぎ》の短歌《たんか》とその意味《いみ》を二回《にかい》読《よ》んで、答《こた》えましょう。

1

金色《きんいろ》の／ちひさき鳥《とり》の／かたちして／銀杏《いちょう》ちるなり／夕日《ゆうひ》の岡《おか》に

与謝野《よさの》　晶子《あきこ》

（意味《いみ》）
金色《きんいろ》にかがやく小《ちい》さな鳥《とり》のような形《かたち》をして、銀杏《いちょう》の葉《は》が散《ち》っている。
夕日《ゆうひ》の差《さ》す岡《おか》の上《うえ》に。

（令和二年度版　光村図書　国語四下　はばたき「短歌・俳句に親しもう（二）」による）

(1) 右《みぎ》の短歌《たんか》は、どこで区切《くぎ》ると調子《ちょうし》よく読《よ》めますか。四《よん》か所《しょ》に／線《せん》を書《か》き入《い》れましょう。

(2) 作者《さくしゃ》は、銀杏《いちょう》の葉《は》の形《かたち》を何《なに》に例《たと》えていますか。

「**金色**」にかがやく小《ちい》さな「**鳥**」

2

ゆく秋《あき》の／大和《やまと》の国《くに》の／薬師寺《やくしじ》の／塔《とう》の上《うえ》なる／一《ひと》ひらの雲《くも》

佐佐木《ささき》　信綱《のぶつな》

（意味《いみ》）
秋《あき》も終《お》わりのころの大和《やまと》の国《くに》（今《いま》の奈良県《ならけん》）にある薬師寺《やくしじ》。
その塔《とう》を見上《みあ》げると、すんだ空《そら》に一片《いっぺん》の雲《くも》がうかんでいる。

（令和二年度版　光村図書　国語四下　はばたき「短歌・俳句に親しもう（二）」による）

(1) 右《みぎ》の短歌《たんか》は、どこで区切《くぎ》ると調子《ちょうし》よく読《よ》めますか。四《よん》か所《しょ》に／線《せん》を書《か》き入《い》れましょう。

(2) 右《みぎ》の短歌《たんか》は、「の」のくり返《かえ》しがリズムを生《う》んでいます。短歌《たんか》の中《なか》の「の」の字《じ》を、○でかこみましょう。

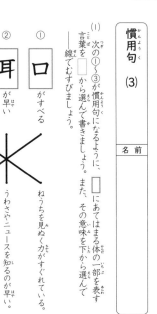

# 解答例

本書の解答は，あくまでもひとつの例です。児童に取り組ませる前に，必ず指導される方が問題を解いてください。指導される方の作られた解答をもとに，児童の多様な考えに寄り添って○つけをお願いします。

## 32頁

### 短歌《たんか》・俳句《はいく》に親《した》しもう（二）　俳句《はいく》(1)

名前

俳句《はいく》は、五《ご》・七《しち》・五《ご》の十七音《じゅうしちおん》で作《つく》られた短《みじか》い詩《し》です。ふつうは、「季語《きご》」という、季節《きせつ》を表《あらわ》す言葉《ことば》が入《はい》っています。

● 次《つぎ》の俳句《はいく》とその意味《いみ》を二回読《にかいよ》んで、答《こた》えましょう。

柿《かき》くへ（え）ば鐘《かね》が鳴《な》るなり法隆寺《ほうりゅうじ》　正岡《まさおか》　子規《しき》

（意味《いみ》）
柿《かき》を食《た》べていると、ちょうどそのとき、鐘《かね》の音《おと》がひびいてきた。ああ、法隆寺《ほうりゅうじ》の鐘《かね》だ。

(令和二年度版　光村図書　国語四下　かがやき「短歌・俳句に親しもう（二）」による)

(1) 上《うえ》の俳句《はいく》を、言葉《ことば》の調子《ちょうし》のいいところで三《みっ》つの部分《ぶぶん》に分《わ》けて、ひらがなで書《か》きましょう。

［かきくへば（え）］［かねがなるなり］［ほうりゅうじ］

(2) 俳句《はいく》の季語《きご》（季節《きせつ》を表《あらわ》す言葉《ことば》）をひらがなで書《か》きましょう。

［かき］

(3) 季節《きせつ》は、春《はる》・夏《なつ》・秋《あき》・冬《ふゆ》のうち、いつですか。

［秋］



## 33頁

### 短歌《たんか》・俳句《はいく》に親《した》しもう（二）　俳句《はいく》(2)

名前

● 次《つぎ》の俳句《はいく》とその意味《いみ》を二回読《にかいよ》んで、答《こた》えましょう。

1

桐一葉《きりひとは》日当《ひあ》たりながら落《お》ちにけり　高浜《たかはま》　虚子《きょし》

（意味《いみ》）
桐《きり》の葉《は》が一《いち》まい、秋《あき》の日《ひ》の光《ひかり》に照《て》らされながら、落《お》ちた。

※〈季語《きご》〉桐一葉《きりひとは》

2

外《と》にも出《で》よ触《ふ》るるばかりに春《はる》の月《つき》　中村《なかむら》　汀女《ていじょ》

（意味《いみ》）
外《そと》に出《で》てごらんなさい。手《て》をのばせばさわれそうな、大《おお》きな春《はる》の月《つき》が出《で》ているよ。

(令和二年度版　光村図書　国語四下　はばたき「短歌・俳句に親しもう（二）」による)

1 上《うえ》の俳句《はいく》を、五音《ごおん》・七音《しちおん》・五音《ごおん》の、三《みっ》つの部分《ぶぶん》に分《わ》けて、ひらがなで書《か》きましょう。

［きりひとは］［ひあたりながら］［おちにけり］

2

(1) 上《うえ》の俳句《はいく》を、五音《ごおん》・七音《しちおん》・五音《ごおん》の、三《みっ》つの部分《ぶぶん》に分《わ》けて、ひらがなで書《か》きましょう。

［とにもでよ］［ふるるばかりに］［はるのつき］

(2) 俳句《はいく》から季語《きご》（季節《きせつ》を表《あらわ》す言葉《ことば》）を三文字《さんもじ》で書《か》きましょう。

［春の月］



## 34頁

### プラタナスの木《き》(1)

名前

● 教科書《きょうかしょ》の「プラタナスの木《き》」の全文《ぜんぶん》を読《よ》んだ後《あと》、次《つぎ》の文章《ぶんしょう》を二回読《にかいよ》んで、答《こた》えましょう。

1

マーちんたちがプラタナス公園《こうえん》でサッカーをしていると、一人《ひとり》のおじいさんがやって来《き》て、にこにこしながらマーちんたちのサッカーをながめるようになった。

そのうちに、マーちんたちとおじいさんはだんだん親《した》しくなり、サッカーにつかれると、みんなプラタナスの木《き》の下《した》に集《あつ》まって、おじいさんと話《はなし》をするようになった。

2

おじいさんが「みんな水《みず》をもっとたくさん飲《の》んで、少《すこ》し日《ひ》かげに入《はい》って休《やす》まないと熱中症《ねっちゅうしょう》になるよ。」と言《い》ったのがきっかけだった。太陽《たいよう》の光《ひかり》が夏《なつ》に向《む》かってずんずん強《つよ》くなり、大《おお》きな葉《は》のプラタナスの木《き》の下《した》が、とてもよい日《ひ》かげになるのだ。

おじいさんの話《はなし》はいつもおもしろかった。

(令和二年度版　光村図書　国語四下　はばたき　椎名《しいな》　誠《まこと》)

1

(1) マーちんたちがだんだん親《した》しくなった人《ひと》は、だれですか。

［おじいさん］

(2) マーちんたちは、どこに集《あつ》まって、おじいさんと話《はなし》をするようになりましたか。

［プラタナスの木の下］

2

(1) 太陽《たいよう》の光《ひかり》が強《つよ》くなると、プラタナスの木《き》の下《した》は、どんなところになりますか。

とてもよい［日かげ］

(2) 何《なに》がいつもおもしろかったのですか。

［おじいさんの話］



## 35頁

### プラタナスの木《き》(2)

名前

● 次《つぎ》の文章《ぶんしょう》を二回読《にかいよ》んで、答《こた》えましょう。

1

ある日《ひ》、おじいさんは㋐不思議《ふしぎ》なことを言《い》った。

「このプラタナスの木《き》が、さか立《だ》ちしているところを考《かんが》えたことがあるかい。」

「あらま。木《き》がさか立《だ》ち。」

アラマちゃんが、いつものようにおどろいた。

2

「そう。この木《き》がさか立《だ》ちするだろう。すると、木《き》のみきや枝葉《えだは》と同《おな》じぐらいの大《おお》きさの根《ね》が出《で》てくるんだよ。木《き》というのは、上《うえ》に生《は》えている枝《えだ》や葉《は》をささえるために、土《つち》の中《なか》でそれと同《おな》じぐらい大《おお》きな根《ね》が広《ひろ》がって、水分《すいぶん》や養分《ようぶん》を送《おく》っているんだ。」

「どの木《き》もみんなそうなんですか。」

今度《こんど》は、花島君《はなじまくん》がマーちんの頭《あたま》ごしにきいた。

※頭《あたま》ごしに…前《まえ》にいる人《ひと》（マーちん）の頭《あたま》の上《うえ》から。

(令和二年度版　光村図書　国語四下　はばたき　椎名《しいな》　誠《まこと》)

1 ㋐不思議《ふしぎ》なこととは、おじいさんが言《い》ったどんな言葉《ことば》のことですか。文中《ぶんちゅう》から書《か》き出《だ》しましょう。

［「このプラタナスの木が、さか立ちしているところを考えたことがあるかい。」］

2

(1) 木《き》がさか立《だ》ちすると、何《なに》が出《で》てくるとおじいさんは言《い》っていますか。

［木《き》のみきや枝葉《えだは》と［同じ］ぐらいの大《おお》きさの［根］。］

(2) 木《き》が土《つち》の中《なか》で大《おお》きな根《ね》を広《ひろ》げて水分《すいぶん》や養分《ようぶん》を送《おく》っているのは、何《なん》のためですか。文中《ぶんちゅう》から書《か》き出《だ》しましょう。（習《なら》っていない漢字《かんじ》はひらがなで書《か》きましょう。）

［上に生えている枝や葉をささえるため］

## 36頁

### プラタナスの木《き》　(3)

名前

● 次《つぎ》の文章《ぶんしょう》を二回《にかい》読《よ》んで、答《こた》えましょう。

1

「たいていの木《き》は、大《おお》きな根《ね》が地面《じめん》の下《した》にぎっしり広《ひろ》がっているのさ。だから、このプラタナスの木《き》が公園全体《こうえんぜんたい》を守《まも》っている、といってもいいくらいだ。もし、地上《ちじょう》のみきや枝葉《えだは》がなくなったら、根《ね》は水分《すいぶん》や養分《ようぶん》を送《おく》れなくて
こまって
しまうんだ。」

2

マーちんと花島君《はなじまくん》とクニスケは「㋐ふうん。」と同《おな》じような声《こえ》を出《だ》したが、アラマちゃんはやっぱり「あらま。」と言《い》った。

それにしても、㋑木《き》の根《ね》がこまってしまうなんて、初《はじ》めて聞《き》く話《はなし》だ。おじいさんの話《はなし》を聞《き》いていると、おじいさんは、公園《こうえん》のできるずっと前《まえ》からプラタナスのことを知《し》っているみたいだ。

（令和二年度版　光村図書　国語四下　はばたき　椎名《しいな》　誠《まこと》）

1

(1) たいていの木《き》の、何《なに》が地面《じめん》の下《した》に広《ひろ》がっていると、おじいさんは言《い》っていますか。

〔大きな根〕

(2) もし、木《き》のみきや枝葉《えだは》がなくなったら、木《き》の根《ね》はどうなってしまうとおじいさんは言《い》っていますか。

水分《すいぶん》や養分《ようぶん》を送《おく》れなくて〔こまって〕しまう。

2

(1) 「㋐ふうん。」と言《い》ったのは、だれですか。すべて選《えら》んで○をつけましょう。

(○)マーちん
(○)花島君《はなじまくん》
(○)クニスケ
(　)アラマちゃん

(2) おじいさんの、㋑木《き》の根《ね》がこまってしまうという話《はなし》は、マーちんたちにとって、どんな話《はなし》でしたか。

〔初めて聞く話〕



## 37頁

### プラタナスの木《き》　(4)

名前

● 次《つぎ》の文章《ぶんしょう》を二回《にかい》読《よ》んで、答《こた》えましょう。

1

〔夏休《なつやす》みに入《はい》って、一人残《ひとりのこ》ったマーちんがプラタナス公園《こうえん》に行《い》くと、おじいさんもやって来《き》た。〕

マーちんは、自分《じぶん》ももうすぐお父《とう》さんのふるさとに行《い》くので、夏休《なつやす》みが終《お》わったら、また、みんなで来《く》るから、と言《い》った。

「お父《とう》さんのふるさとには、木《き》がいっぱいあるだろう。㋐みんなによろしく。」

おじいさんは、にっこり笑《わら》った。

2

夏休《なつやす》みも半《なか》ばというころ、マーちんは、祖父母《そふぼ》の家《いえ》にいた。家《いえ》の周《まわ》りには森《もり》が広《ひろ》がっている。森《もり》にはいろいろな木《き》や草《くさ》が生《は》え、鳥《とり》やせみの声《こえ》が満《み》ちていた。

森《もり》と森《もり》の間《あいだ》には小川《おがわ》が流《なが》れ、小《ちい》さな魚《さかな》が、ときどき白《しろ》いはらを見《み》せてきらりと光《ひか》った。マーちんは、この森《もり》の中《なか》で毎日走《まいにちはし》り回《まわ》って遊《あそ》んだ。

（令和二年度版　光村図書　国語四下　はばたき　椎名《しいな》　誠《まこと》）

1

(1) マーちんは、もうすぐどこに行《い》くと、おじいさんに言《い》いましたか。

〔お父さんのふるさと〕

(2) おじいさんが言《い》った㋐みんなとは、何《なん》のことですか。○をつけましょう。

(　)お父《とう》さんのふるさとの家《いえ》の人《ひと》。
(○)お父《とう》さんのふるさとにいっぱいある木《き》。

2

(1) 祖父母《そふぼ》の家《いえ》の周《まわ》りに広《ひろ》がる森《もり》は、どんな様子《ようす》ですか。文中《ぶんちゅう》から一文《いちぶん》を書《か》き出《だ》しましょう。

〔森にはいろいろな木や草が生え、鳥やせみの声が満ちていた。〕

(2) 森《もり》と森《もり》の間《あいだ》には、何《なに》が流《なが》れていましたか。

〔小川〕



## 38頁

### プラタナスの木《き》　(5)

名前

● 次《つぎ》の文章《ぶんしょう》を二回《にかい》読《よ》んで、答《こた》えましょう。

1

マーちんが祖父母《そふぼ》の家《いえ》に来《き》て一週間《いっしゅうかん》ほどたった㋐ある日《ひ》、大《おお》きな台風《たいふう》が森《もり》をおそった。森《もり》はおこったようにゆれ、小川《おがわ》は濁流《だくりゅう》となってあばれた。鳥《とり》やせみも、どこかにすがたを消《け》した。

※濁流《だくりゅう》…にごった水《みず》のはげしい流《なが》れ。

2

テレビは、今年《ことし》いちばんの強《つよ》い台風《たいふう》だと伝《つた》えている。早々《はやばや》とふとんに入《はい》ったマーちんは、ゴーゴー鳴《な》りひびく台風《たいふう》の音《おと》を聞《き》きながら、プラタナス公園《こうえん》のおじいさんの顔《かお》を思《おも》いうかべた。最初《さいしょ》ははっきりしていたおじいさんのえがおが、しだいにぼんやりとしていく。マーちんは、いつしか深《ふか》いねむりに落《お》ちていった。

※しだいに…だんだん。　※いつしか…いつのまにか。

（令和二年度版　光村図書　国語四下　はばたき　椎名《しいな》　誠《まこと》）

1

(1) ㋐ある日《ひ》、何《なに》が森《もり》をおそいましたか。

〔(大きな)台風〕

(2) 台風《たいふう》のときの森《もり》や小川《おがわ》は、どんな様子《ようす》でしたか。

森《もり》は〔おこった〕ようにゆれ、小川《おがわ》は濁流《だくりゅう》となって〔あばれた〕。

2

(1) 台風《たいふう》は、どんな音《おと》をさせて鳴《な》りひびいていましたか。

〔ゴーゴー〕

(2) ふとんに入《はい》ったマーちんが台風《たいふう》の音《おと》を聞《き》きながら思《おも》いうかべたものは、何《なん》でしたか。

〔(プラタナス公園の)おじいさんの顔〕



## 39頁

### プラタナスの木《き》　(6)

名前

● 次《つぎ》の文章《ぶんしょう》を二回《にかい》読《よ》んで、答《こた》えましょう。

1

一夜明《いちやあ》けると、台風《たいふう》は通《とお》りすぎていた。青《あお》く晴《は》れ上《あ》がった空《そら》の下《した》で、あんなにゆれていた森《もり》は、今《いま》は静《しず》かに太陽《たいよう》の光《ひかり》を受《う》けてぴかぴかかがやいている。小川《おがわ》はまだ濁流《だくりゅう》のままだったけれど、鳥《とり》やせみはうれしそうに鳴《な》き始《はじ》めている。

2

マーちんは、おじいさんの言葉《ことば》を思《おも》い出《だ》した。森《もり》の一本一本《いっぽんいっぽん》の木《き》の下《した》には、それと同《おな》じぐらい大《おお》きな根《ね》が広《ひろ》がっている。なぜか今《いま》、それが㋐はっきりと見《み》えるような気《き》がする。だから、マーちんには、強《つよ》い風《かぜ》がふいても木《き》はかんたんにはたおれたりしないし、森《もり》もくずれたりしないのだ。一本一本《いっぽんいっぽん》の木《き》とその根《ね》が、ずっと昔《むかし》から森全体《もりぜんたい》を守《まも》り、祖父母《そふぼ》の家《いえ》だって守《まも》ってきたのだ。

（令和二年度版　光村図書　国語四下　はばたき　椎名《しいな》　誠《まこと》）

1

台風《たいふう》が通《とお》りすぎたあとの森《もり》は、どんな様子《ようす》ですか。

〔静か〕に太陽《たいよう》の光《ひかり》を受《う》けて〔ぴかぴか〕かがやいている。

2

(1) マーちんは、だれの言葉《ことば》を思《おも》い出《だ》しましたか。

〔おじいさん〕

(2) マーちんに、何《なに》が㋐はっきりと見《み》えるような気《き》がしたのですか。

森《もり》の一本一本《いっぽんいっぽん》の〔木〕の下《した》に広《ひろ》がる〔大きな根〕。

(3) 何《なに》が、昔《むかし》から森全体《もりぜんたい》や祖父母《そふぼ》の家《いえ》を守《まも》ってきたのだと、マーちんは気《き》がつきましたか。

〔一本一本の木とその根〕

本書の解答は，あくまでもひとつの例です。児童に取り組ませる前に，必ず指導される方が問題を解いてください。指導される方の作られた解答をもとに，児童の多様な考えに寄り添って○つけをお願いします。

## 40頁

### 感動《かんどう》を言葉《ことば》に（およぐ）

名前

● 次《つぎ》の詩《し》を二回《にかい》読《よ》んで、答《こた》えましょう。

およぐ

谷川《たにかわ》 俊太郎《しゅんたろう》

[1]
みずがいやだって　ぼくないた
そしたら　めから　なみだがでてきた
へんだな　ぼくのなかにも
みずがある

[2]
みずがこわいって　ぼくないた
そしたら　のどが　かわいてきて——
へんだな　みずが
のみたくなっちゃった

（令和二年度版　光村図書　国語四下　はばたき　谷川俊太郎）

(1) 「ぼく」は、何《なん》と言《い》ってなきましたか。[1]（一連目《いちれんめ》）と[2]（二連目《にれんめ》）から それぞれ六文字《ろくもじ》で書《か》き出《だ》しましょう。

[1] みずがいやだ

[2] みずがこわい

(2) [1]（一連目《いちれんめ》）と[2]（二連目《にれんめ》）の両方《りょうほう》にある言葉《ことば》を三《みっ》つ選《えら》んで○をつけましょう。

（○）ぼくないた　（○）そしたら
（　）なみだ　（○）へんだな
（　）ぼくのなか　（　）のど

(3) この詩《し》で「みず」と表現《ひょうげん》されているものは何《なん》ですか。二《ふた》つ書《か》きましょう。
（題名《だいめい》や詩《し》の中《なか》の言葉《ことば》を書《か》き入《い》れましょう。）

海《うみ》やプールなどにある（およぐ）ための水《みず》。

目《め》から出《で》てくる（なみだ）。

のどがかわいたときに飲《の》む（のみ）水《みず》。



## 41頁

### 季節《きせつ》の言葉《ことば》4　冬《ふゆ》の楽《たの》しみ (1)

名前

(1) 次《つぎ》の説明《せつめい》に合《あ》う、冬《ふゆ》に関係《かんけい》する行事《ぎょうじ》の名前《なまえ》や言葉《ことば》を□から選《えら》んで書《か》きましょう。（習《なら》っていない漢字《かんじ》は、ひらがなで書《か》きましょう。）

① 新年《しんねん》。お正月《しょうがつ》のこと。　新春

② 立春《りっしゅん》の前日《ぜんじつ》。（二月三日《にがつみっか》ごろ）豆《まめ》まきをする。　節分

③ 一年《いちねん》で最《もっと》も昼《ひる》の時間《じかん》が短《みじか》い日《ひ》。（十二月二十二日《じゅうにがつにじゅうににち》ごろ）　冬至

④ 一年《いちねん》の最後《さいご》の日《ひ》。（十二月三十一日《じゅうにがつさんじゅういちにち》）　大みそか

・大《おお》みそか　・節分《せつぶん》　・新春《しんしゅん》　・冬至《とうじ》

(2) 次《つぎ》の行事《ぎょうじ》に関係《かんけい》が深《ふか》い言葉《ことば》を□から二《ふた》つずつ選《えら》んで書《か》きましょう。

① お正月《しょうがつ》　おせち　ぞうに

② 大《おお》みそか　年こしそば　じょやのかね

・おせち　・年《とし》こしそば
・じょやのかね　・ぞうに

## 42頁

### 季節《きせつ》の言葉《ことば》2　冬《ふゆ》の楽《たの》しみ (2)

名前

(1) 次《つぎ》の文《ぶん》は、「じょやのかね」「七草《ななくさ》がゆ」という言葉《ことば》を説明《せつめい》しているものです。（　）にあてはまる言葉《ことば》を□から選《えら》んで書《か》きましょう。

① じょやのかね

十二月三十一日《じゅうにがつさんじゅういちにち》の（大みそか）の日《ひ》、夜中《よなか》の十二時《じゅうにじ》をはさんで、お寺《てら》で（かね）を百八回《ひゃくはちかい》つく。

② 七《なな》草《くさ》がゆ

正月七日《しょうがつなのか》に（春の七草）を入《い》れたおかゆのこと。一年《いちねん》の健康《けんこう》をねがって食《た》べる。

・かね　・春《はる》の七草《ななくさ》　・大《おお》みそか

(2) 次《つぎ》の俳句《はいく》を二回《にかい》読《よ》んで、答《こた》えましょう。

わがこゑ《え》ののこれる耳《みみ》や福《ふく》は内《うち》

飯田《いいだ》 蛇笏《だこつ》

（令和二年度版　光村図書　国語四下　はばたき　「冬の楽しみ」による）

① 上《うえ》の俳句《はいく》を五《ご》・七《しち》・五《ご》の三《みっ》つの部分《ぶぶん》に分《わ》けて、ひらがなで書《か》きましょう。

わがこえの
のこれるみみや
ふくはうち

② 何《なん》という冬《ふゆ》の行事《ぎょうじ》のことを書《か》いた俳《はい》句《く》ですか。○をつけましょう。

（　）冬至《とうじ》　（○）節分《せつぶん》



## 43頁

### 自分《じぶん》だけの詩集《ししゅう》を作《つく》ろう（まんげつ／月《つき》） (1)

名前

● 次《つぎ》の詩《し》を二回《にかい》読《よ》んで、答《こた》えましょう。

[1]
まんげつ

みずかみ　かずよ

でっかいつきだ
セメントこうばの　えんとつおして
のん　のん　のん　のん
ぼくのかたにのっかりそうだ

（令和二年度版　光村図書　国語四下　はばたき　みずかみ　かずよ）

[2]
月《つき》

こやま　峰子《みねこ》

雲《くも》のうんだ　たまご

（令和二年度版　光村図書　国語四下　はばたき　こやま　峰子）

[1]

(1) 「えんとつおして」るのは、何《なん》ですか。詩《し》の中《なか》の言葉《ことば》六文字《ろくもじ》で答《こた》えましょう。

でっかいつき

(2) 同《おな》じ言葉《ことば》のくり返《かえ》しで表現《ひょうげん》しているまんげつの様子《ようす》を書《か》き出《だ》しましょう。

のん　のん　のん　のん

(3) まんげつは近《ちか》づいてきて、どこにのっかりそうに見《み》えますか。

ぼくのかた

[2]

(1) 詩《し》の中《なか》の「たまご」とは、何《なん》のことですか。漢字一文字《かんじひともじ》で書《か》きましょう。

月

(2) この詩《し》の月《つき》は、どんな様子《ようす》だと考《かんが》えられますか。一《ひと》つに○をつけましょう。

（　）三日月《みかづき》
（　）半月《はんげつ》
（○）満月《まんげつ》

44 頁

## 自分《じぶん》だけの詩集《ししゅう》を作《つく》ろう (2)
（つき）

名前

● 次《つぎ》の詩《し》を二回《にかい》読《よ》んで、答《こた》えましょう。

つき

谷川《たにかわ》　俊太郎《しゅんたろう》

1
つきに　いかないか
ぼくと　いっしょに
つきに　いかないか
おだんご　もって

2
つきに　いかないか
はらが　たつとき
つきに　いかないか
ちきゅうを　ながめに

（令和二年度版　光村図書　国語四下　はばたき　谷川　俊太郎）

(1) 何連《なんれん》で書《か》かれた詩《し》ですか。

［ 二連 ］

(2) 詩《し》の中《なか》で四回《よんかい》くり返《かえ》されている一行《いちぎょう》を書《か》き出《だ》しましょう。

［ つきに　いかないか ］

(3) 「つきに　いかないか」とは、読《よ》む人《ひと》にどのように言《い》っている言葉《ことば》ですか。○をつけましょう。

（○）読《よ》む人《ひと》に語《かた》りかけ、さそっているような言葉《ことば》。
（　）読《よ》む人《ひと》に命令《めいれい》している言葉《ことば》。

(4) 1（第一連《だいいちれん》）で、何《なに》をもって月《つき》にいっしょに行《い》こうといっていますか。

［ おだんご ］

(5) 2（第二連《だいにれん》）で、何《なに》をしに月《つき》に行《い》こうといっていますか。詩《し》の中《なか》の一行《いちぎょう》を書《か》き出《だ》しましょう。

［ ちきゅうを　ながめに ］



45 頁

## 熟語《じゅくご》の意味《いみ》 (1)

名前

(1) 次《つぎ》の熟語《じゅくご》を、〈例《れい》〉にならって、訓《くん》を手《て》がかりにして意味《いみ》が分《わ》かるように書《か》きましょう。また、訓読《くんよ》みしたときの読《よ》みがなを（　）に書《か》きましょう。

〈例《れい》〉 等分《とうぶん》
等しく分ける
（ひと）（わ）

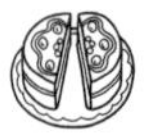

① 木刀《ぼくとう》
木の刀
（き）（かたな）

② 流星《りゅうせい》
流れる星
（なが）（ほし）

③ 同時《どうじ》
同じ時
（おな）（とき）

④ 伝言《でんごん》
伝えて言う
（つた）（い）

(2) 訓《くん》を手《て》がかりにして、次《つぎ》の熟語《じゅくご》の意味《いみ》が分《わ》かるように書《か》きましょう。

① 人力《じんりき》
(例) 人の力

② 竹林《ちくりん》
(例) 竹の林

③ 深海《しんかい》
(例) 深い海

46 頁

## 熟語《じゅくご》の意味《いみ》 (2)

名前

● 熟語《じゅくご》には、次《つぎ》のような組《く》み合《あ》わせがあります。①～④の組《く》み合《あ》わせにあてはまる熟語《じゅくご》をそれぞれ□から選《えら》んで書《か》きましょう。

① にた意味《いみ》をもつ漢字《かんじ》の組《く》み合《あ》わせ
〈例《れい》〉 加入《かにゅう》（加《くわ》わる・入《はい》る）

岩石

② 反対《はんたい》の意味《いみ》をもつ漢字《かんじ》の組《く》み合《あ》わせ
〈例《れい》〉 高低《こうてい》（高《たか》い・低《ひく》い）

明暗

③ 上《うえ》の漢字《かんじ》が下《した》の漢字《かんじ》を修飾《しゅうしょく》する関係《かんけい》にある組《く》み合《あ》わせ
〈例《れい》〉 前進《ぜんしん》（前《まえ》に進《すす》む）、老木《ろうぼく》（老《お》いた木《き》）

白紙

④ 「――を」「――に」に当《あ》たる意味《いみ》の漢字《かんじ》が下《した》に来《く》る組《く》み合《あ》わせ
〈例《れい》〉 読書《どくしょ》（書《しょ》を読《よ》む）、帰国《きこく》（国《くに》に帰《かえ》る）

消火

明暗《めいあん》・消火《しょうか》
岩石《がんせき》・白紙《はくし》

47 頁

## 熟語《じゅくご》の意味《いみ》 (3)

名前

(1) 上《うえ》と下《した》の□から、にた意味《いみ》をもつ漢字《かんじ》を一《ひと》つずつ選《えら》んで、熟語《じゅくご》を作《つく》りましょう。また、できた熟語《じゅくご》の読《よ》みがなを（　）に書《か》きましょう。

願・消・周
辺・失・望

周辺（しゅうへん）
消失（しょうしつ）
願望（がんぼう）
※順不同

(2) 上《うえ》と下《した》の□から、反対《はんたい》の意味《いみ》をもつ漢字《かんじ》を一《ひと》つずつ選《えら》んで、熟語《じゅくご》を作《つく》りましょう。また、できた熟語《じゅくご》の読《よ》みがなを（　）に書《か》きましょう。

売・強・勝
敗・買・弱

勝敗（しょうはい）
強弱（きょうじゃく）
売買（ばいばい）
※順不同

# 解答例

本書の解答は，あくまでもひとつの例です。児童に取り組ませる前に，必ず指導される方が問題を解いてください。指導される方の作られた解答をもとに，児童の多様な考えに寄り添って○つけをお願いします。

## 48頁

### 熟語《じゅくご》の意味《いみ》 (4)

名前

(1) 次《つぎ》の熟語《じゅくご》と漢字《かんじ》の組《く》み合《あ》わせが同《おな》じものを□から選《えら》んで書《か》きましょう。
また、その熟語《じゅくご》の読《よ》みがなを（　）に書《か》きましょう。

右折・軽重・登山・運送

① 加入《かにゅう》　運送（うんそう）

② 高低《こうてい》　軽重（けいちょう）（けいじゅう）

③ 前進《ぜんしん》　右折（うせつ）

④ 読書《どくしょ》　登山（とざん）

(2) 漢字《かんじ》の組《く》み合《あ》わせを手《て》がかりにして、次《つぎ》の熟語《じゅくご》の意味《いみ》が分《わ》かるように（　）に言葉《ことば》を書《か》きましょう。

① 明暗《めいあん》　(例) 明《あか》るい・（暗い）

② 白紙《はくし》　(例)（白い）紙《かみ》

③ 消火《しょうか》　(例) 火《ひ》を（消す）

## 49頁

### ウナギのなぞを追《お》って (1)

名前

● 次《つぎ》の文章《ぶんしょう》を二回《にかい》読《よ》んで、答《こた》えましょう。

1

今年《ことし》もマリアナの海《うみ》にやって来《き》ました。日本《にほん》から真南《まみなみ》に二千《にせん》キロメートル、周《まわ》りに島一《しまひと》つ見《み》えない海《うみ》の真《ま》ん中《なか》です（図《ず》1）。

図《ず》1

2

毎年《まいとし》のようにここにやって来《く》るのは、ウナギがどんな一生《いっしょう》を送《おく》る生《い》き物《もの》なのかを調査《ちょうさ》するためです。あざやかなぐんじょう色《いろ》の海《うみ》は、白《しろ》い船体《せんたい》を青《あお》くそめてしまいそうです。

※ウナギ…ここでは、日本《にほん》や中国《ちゅうごく》、台湾《たいわん》、韓国《かんこく》に分布《ぶんぷ》するウナギ（ニホンウナギ）を指《さ》す。
※ぐんじょう色《いろ》…あざやかな、こい青色《あおいろ》。

（令和二年度版　光村図書　国語四下　はばたき　塚本《つかもと》　勝巳《かつみ》）

1

(1) 今年《ことし》も、何《なん》という場所《ばしょ》にやって来《き》ましたか。

（マリアナの海）

(2) マリアナの海《うみ》は、日本《にほん》からどの方角《ほうがく》に二千《にせん》キロメートルのところにありますか。

（真南）

2

(1) ㋐ここは、どこのことですか。一《ひと》つに○をつけましょう。

（○）マリアナの海《うみ》。
（　）日本《にほん》。
（　）日本《にほん》から遠《とお》くはなれた島《しま》。

(2) 毎年《まいとし》のようにここにやって来《く》るのは、何《なん》のためですか。文中《ぶんちゅう》から書《か》き出《だ》しましょう。

（ウナギがどんな一生を送る生き物なのかを調査するため）

※「日本《にほん》」は「にっぽん」とも読《よ》みます。



## 50頁

### ウナギのなぞを追《お》って (2)

名前

● 次《つぎ》の文章《ぶんしょう》を二回《にかい》読《よ》んで、答《こた》えましょう。

1

［ウナギの調査《ちょうさ》のために、毎年《まいとし》のようにマリアナの海《うみ》に来《き》ています。］

ウナギは、日本各地《にほんかくち》の川《かわ》や池《いけ》にすんでいます。それなのに、なぜ、はるか南《みなみ》の海《うみ》にまで調査《ちょうさ》に来《く》るのか、㋐不思議《ふしぎ》に思《おも》う人《ひと》もいるでしょう。

2

実《じつ》は、ここが、日本中《にほんじゅう》のウナギが集《あつ》まってきて、いっせいにたまごを産《う》む場所《ばしょ》なのです。㋑ここで生《う》まれたウナギの赤《あか》ちゃんは、海流《かいりゅう》に流《なが》され、しだいに成長《せいちょう》しながら、はるばる日本《にほん》にやって来《き》ます。

※海流《かいりゅう》…決《き》まった方向《ほうこう》へ進《すす》む、海水《かいすい》の流《なが》れのこと。
※はるばる…遠《とお》くはなれたところから来《く》るようす。

（令和二年度版　光村図書　国語四下　はばたき　塚本《つかもと》　勝巳《かつみ》）

1

㋐どんなことを、不思議《ふしぎ》に思《おも》う人《ひと》もいるというのですか。

ウナギは、（日本）各地《かくち》の川《かわ》や池《いけ》にすんでいるのに、（なぜ）、はるか南《みなみ》の海《うみ》にまで（調査）に来《く》るのかということ。

2

(1) 日本《にほん》からマリアナの海《うみ》に調査《ちょうさ》に来《く》るのは、なぜですか。

実《じつ》は、マリアナの海《うみ》が、（日本中のウナギ）が集《あつ》まってきて、いっせいに（たまごを産む）場所《ばしょ》だから。

(2) ㋑ここは、どこのことですか。○をつけましょう。

（○）マリアナの海《うみ》。
（　）日本《にほん》。

※「日本《にほん》」は「にっぽん」とも読《よ》みます。



## 51頁

### ウナギのなぞを追《お》って (3)

名前

● 次《つぎ》の文章《ぶんしょう》を二回《にかい》読《よ》んで、答《こた》えましょう。

1

［マリアナの海《うみ》は、日本中《にほんじゅう》のウナギが集《あつ》まってきて、いっせいにたまごを産《う》む場所《ばしょ》なのです。］

ここがその場所《ばしょ》だと分《わ》かったのは、つい最近《さいきん》のことです。それまでウナギの生態《せいたい》は深《ふか》いなぞに包《つつ》まれていたのです。

※生態《せいたい》…生《い》き物《もの》が生《う》まれてから死《し》ぬまでのくらしのようす。

2

その研究《けんきゅう》の第一歩《だいいっぽ》として、たまごを産《う》む場所《ばしょ》を見《み》つける調査《ちょうさ》が始《はじ》まったのは、一九三〇年《せんきゅうひゃくさんじゅうねん》ごろのことでした。それからこの場所《ばしょ》がつき止《と》められるまでに、実《じつ》に八十年近《はちじゅうねんちか》くの年月《ねんげつ》がかかったのです。

（令和二年度版　光村図書　国語四下　はばたき　塚本《つかもと》　勝巳《かつみ》）

1

(1) マリアナの海《うみ》が日本中《にほんじゅう》のウナギが集《あつ》まってきて、たまごを産《う》む場所《ばしょ》だと分《わ》かったのは、いつのことでしたか。

（つい最近のこと）

(2) ウナギの生態《せいたい》は、最近《さいきん》までにどれぐらい分《わ》かっていましたか。○をつけましょう。

（　）だいたい分《わ》かっていた。
（○）ほとんど分《わ》かっていなかった。

2

(1) ウナギの生態《せいたい》の研究《けんきゅう》の初《はじ》めに、どんな調査《ちょうさ》を始《はじ》めましたか。

（たまごを産む場所を見つける）調査《ちょうさ》。

(2) 調査《ちょうさ》が始《はじ》まってから、たまごを産《う》む場所《ばしょ》を見《み》つけるまでにどのくらいの年月《ねんげつ》がかかりましたか。

（八十年近く(の年月)）

※「日本《にほん》」は「にっぽん」とも読《よ》みます。

## 52頁

ウナギのなぞを追《お》って　(4)　名前

● 次《つぎ》の文章《ぶんしょう》を二回《にかい》読《よ》んで、答《こた》えましょう。

1 たまごを産《う》む場所《ばしょ》をさがす調査《ちょうさ》は、より小《ちい》さいウナギを追《お》い求《もと》めることから始《はじ》まりました。

2 調査《ちょうさ》では、目《め》の細《こま》かい大《おお》きなあみを使《つか》って、海《うみ》の生《い》き物《もの》を集《あつ》める作業《さぎょう》をくり返《かえ》します。あみの中《なか》には、さまざまな色《いろ》や形《かたち》の小《ちい》さな生《い》き物《もの》が入《はい》ります。この中《なか》から、レプトセファルスとよばれる、ウナギの赤《あか》ちゃんをさがすのです。

レプトセファルスは、とうめいで、やなぎの葉《は》のような形《かたち》をしています（図《ず》2）。海《うみ》の中《なか》でしずみにくく、海流《かいりゅう》に乗《の》って運《はこ》ばれやすくなっているのです。

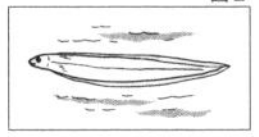
図《ず》2

※レプトセファルス…ウナギなどが、親《おや》とちがう形《かたち》をしているときのよび名《な》。

（令和二年度版　光村図書　国語四下　はばたき　塚本　勝巳）

1 (1) たまごを産《う》む場所《ばしょ》をさがす調査《ちょうさ》は、どんなものを追《お》い求《もと》めることから始《はじ》まりましたか。

**より小さいウナギ**

2 (1) 調査《ちょうさ》では、どんなあみを使《つか》って、海《うみ》の生《い》き物《もの》を集《あつ》める作業《さぎょう》をくり返《かえ》しますか。

**目の細かい大きなあみ**

(2) レプトセファルスとよばれているものは、何《なん》ですか。

**ウナギの赤ちゃん**

(3) レプトセファルスが、とうめいで、やなぎの葉《は》のような形《かたち》をしているのは、なぜですか。

海《うみ》の中《なか》で　**しずみにくく**、
海流《かいりゅう》に乗《の》って　**運ばれやすく**　なっているから。



## 53頁

ウナギのなぞを追《お》って　(5)　名前

● 次《つぎ》の文章《ぶんしょう》を二回《にかい》読《よ》んで、答《こた》えましょう。

1 ウナギのレプトセファルスが最初《さいしょ》にとれたのは、一九六七年《せんきゅうひゃくろくじゅうななねん》、場所《ばしょ》は、台湾《たいわん》の近《ちか》くの海《うみ》でした。体長《たいちょう》は五十四《ごじゅうよん》ミリメートル。

2 この大《おお》きさだと、生《う》まれてからだいぶ時間《じかん》がたっているため、かなりのきょりを海流《かいりゅう》で流《なが》されてきたものと思《おも》われました。

㋐このレプトセファルスが生《う》まれた場所《ばしょ》は、海流《かいりゅう》をもっとさかのぼった先《さき》にあると考《かんが》えられました。

（令和二年度版　光村図書　国語四下　はばたき　塚本　勝巳）

1 (1) ウナギのレプトセファルスが最初《さいしょ》にとれた場所《ばしょ》は、どこでしたか。（習《なら》っていない漢字《かんじ》は、ひらがなで書《か》きましょう。）

**台湾の近くの海**

(2) 最初《さいしょ》にとれたレプトセファルスの体長《たいちょう》は、何《なん》ミリメートルでしたか。

**五十四ミリメートル**

2 ㋐このレプトセファルスが…と考《かんが》えられましたとありますが、このように考《かんが》えられたのは、どうしてですか。

レプトセファルスの大《おお》きさからみて、生《う》まれてからだいぶ時間《じかん》がたっているため、
**かなりのきょりを海流で流されてきたもの**
と思《おも》われたから。



## 54頁

ウナギのなぞを追《お》って　(6)　名前

● 次《つぎ》の文章《ぶんしょう》を二回《にかい》読《よ》んで、答《こた》えましょう。

1 わたしがこの調査《ちょうさ》に加《くわ》わるようになったのは、一九七三年《せんきゅうひゃくななじゅうさんねん》のことです。調査《ちょうさ》グループは、さらに小《ちい》さなレプトセファルスを求《もと》めて、調査《ちょうさ》のはんいを南《みなみ》へ、そして東《ひがし》へと広《ひろ》げていきました。

※調査《ちょうさ》のはんい…調査《ちょうさ》する場所《ばしょ》。

2 レプトセファルスは、海流《かいりゅう》に乗《の》って運《はこ》ばれます。海流《かいりゅう》の上流《じょうりゅう》に行《い》くほど、小《ちい》さいものがいるはずです。㋐予想《よそう》どおり、とれるレプトセファルスの体長《たいちょう》は、四十《よんじゅう》、三十《さんじゅう》、二十《にじゅう》ミリメートルと、しだいに小《ちい》さくなっていきました（図《ず》3）。

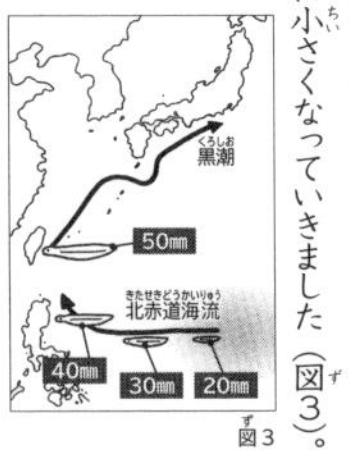

図《ず》3

（令和二年度版　光村図書　国語四下　はばたき　塚本　勝巳）

1 (1) 調査《ちょうさ》グループは、何《なに》を求《もと》めて、調査《ちょうさ》のはんいを広《ひろ》げていきましたか。

**さらに小さな**　レプトセファルス。

(2) 調査《ちょうさ》グループは、調査《ちょうさ》のはんいをどこの方角《ほうがく》へ広《ひろ》げていきましたか。○をつけましょう。

（　）南《みなみ》の方角《ほうがく》だけ。
（○）南《みなみ》と東《ひがし》の方角《ほうがく》。

2 ㋐予想《よそう》とは、どんな予想《よそう》でしたか。

レプトセファルスは、**海流**に乗《の》って運《はこ》ばれるので、**海流の上流**に行《い》くほど、**小さいもの**がいるはずだという予想《よそう》。



## 55頁

ウナギのなぞを追《お》って　(7)　名前

● 次《つぎ》の文章《ぶんしょう》を二回《にかい》読《よ》んで、答《こた》えましょう。

1 そして、一九九一年《せんきゅうひゃくきゅうじゅういちねん》には、マリアナ諸島《しょとう》の西《にし》、北赤道海流《きたせきどうかいりゅう》の中《なか》で、十《じゅう》ミリメートル前後《ぜんご》のレプトセファルスを、約千《やくせん》びきとることができたのです。

レプトセファルスの体《からだ》の中《なか》には、木《き》の年輪《ねんりん》にた、一日《いちにち》に一本《いっぽん》ずつふえる輪《わ》のできる部分《ぶぶん》があります。㋐その輪《わ》を数《かぞ》えれば、生《う》まれてから何日《なんにち》たっているかを知《し》ることができます。

※諸島《しょとう》…島《しま》がいくつか集《あつ》まっている、多《おお》くの島々《しまじま》。
※年輪《ねんりん》…木《き》のみきの切《き》り口《くち》に見《み》られる輪《わ》のこと。一年《いちねん》に一《ひと》つずつふえる。

2 調《しら》べてみると、これらは生後《せいご》二十日《はつか》ほどのものだと分《わ》かりました。とれた所《ところ》から、二十日《はつか》分《ぶん》のきょりを計算《けいさん》して海流《かいりゅう》をさかのぼれば、親《おや》ウナギがたまごを産《う》んだ場所《ばしょ》にたどり着《つ》けるはずです。

（令和二年度版　光村図書　国語四下　はばたき　塚本　勝巳）

1 (1) 一九九一年《せんきゅうひゃくきゅうじゅういちねん》に約千《やくせん》びきとれたレプトセファルスは、どれぐらいの大《おお》きさでしたか。

**十ミリメートル前後**

(2) ㋐その輪《わ》とは、どんな輪《わ》ですか。

レプトセファルスの体《からだ》の中《なか》にある、
**一日に一本ずつ**
ふえる輪《わ》。

(3) ㋐その輪《わ》を数《かぞ》えると、どんなことを知《し》ることができますか。

**生まれてから何日たっているか**
を知《し》ることができる。

2 調《しら》べて分《わ》かったことから、二十日分《はつかぶん》のきょりを計算《けいさん》して海流《かいりゅう》をさかのぼれば、筆者《ひっしゃ》はどこにたどり着《つ》けると考《かんが》えましたか。

**親ウナギがたまごを産んだ場所**

本書の解答は，あくまでもひとつの例です。児童に取り組ませる前に，必ず指導される方が問題を解いてください。指導される方の作られた解答をもとに，児童の多様な考えに寄り添って○つけをお願いします。

## 56頁

### つながりに気《き》をつけよう (1)

名前

(1) 次《つぎ》の文《ぶん》の主語《しゅご》と述語《じゅつご》が対応《たいおう》するように、{　}の述語《じゅつご》の正《ただ》しいほうを○でかこみましょう。

① ぼくのゆめは、サッカー選手《せんしゅ》に{なります／(なることです)}。

② わたしの目標《もくひょう》は、絵画《かいが》のコンテストで入賞《にゅうしょう》{します／(することです)}。

(2) 次《つぎ》の文《ぶん》は、主語《しゅご》と述語《じゅつご》が正《ただ》しく対応《たいおう》していません。主語《しゅご》に合《あ》うように、——線《せん》の述語《じゅつご》を書《か》き直《なお》しましょう。

① ぼくの姉《あね》のしゅみは、部屋《へや》でゆっくり本《ほん》を読《よ》みます。

**読むことです**

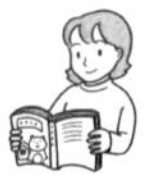

② 今回《こんかい》の旅行《りょこう》の目的《もくてき》は、きれいな風景《ふうけい》を写真《しゃしん》にとります。

**とることです**

③ わたしたち二人《ふたり》の約束《やくそく》は、かくしごとをしません。

**しないことです**



## 57頁

### つながりに気《き》をつけよう (2)

名前

(1) 次《つぎ》の文《ぶん》の主語《しゅご》と述語《じゅつご》が対応《たいおう》するように、{　}の述語《じゅつご》の正《ただ》しいほうを○でかこみましょう。

① 夏休《なつやす》みの思《おも》い出《で》は、家族《かぞく》で海《うみ》に{行《い》きました／(行ったことです)}。

② きのうの最大《さいだい》の失敗《しっぱい》は、朝《あさ》ねぼう{(したことです)／しました}。

(2) 次《つぎ》の文《ぶん》は、主語《しゅご》と述語《じゅつご》が正《ただ》しく対応《たいおう》していません。主語《しゅご》に合《あ》うように、——線《せん》の述語《じゅつご》を書《か》き直《なお》しましょう。

① 遠足《えんそく》で楽《たの》しかったことは、山《やま》の上《うえ》で友達《ともだち》とおべんとうを食《た》べました。

**食べたことです**

② 音楽発表会《おんがくはっぴょうかい》でよかったことは、うまく声《こえ》を合《あ》わせて歌《うた》えました。

**歌えたことです**

③ この本《ほん》を読《よ》んで心《こころ》に残《のこ》ったことは、主人公《しゅじんこう》の女《おんな》の子《こ》がどんなに苦《くる》しいときもぜったいにあきらめませんでした。

**あきらめなかったことです**



## 58頁

### つながりに気《き》をつけよう (3)

名前

● 次《つぎ》の①、②の文《ぶん》は、二通《ふたとお》りの意味《いみ》にとることができます。文《ぶん》が㋐、㋑の意味《いみ》になるように、それぞれ読点《とうてん》（、）を一《いっ》か所《しょ》に打《う》ちましょう。

① わたしは笑《わら》いながら本《ほん》を読《よ》む兄《あに》を見《み》た。

㋐ 笑《わら》っているのは、「わたし」

わたしは 笑《わら》いながら、本《ほん》を読《よ》む 兄《あに》を 見《み》た。

㋑ 笑《わら》っているのは、「兄《あに》」

わたしは、笑《わら》いながら 本《ほん》を読《よ》む 兄《あに》を 見《み》た。

② ぼくはおふろに入《はい》りながら歌《うた》っている弟《おとうと》をよんだ。

㋐ おふろに入《はい》っているのは、「ぼく」

ぼくは おふろに入《はい》りながら、歌《うた》っている 弟《おとうと》を よんだ。

㋑ おふろに入《はい》っているのは、「弟《おとうと》」

ぼくは、おふろに入《はい》りながら 歌《うた》っている 弟《おとうと》を よんだ。

## 59頁

### つながりに気《き》をつけよう (4)

名前

● 次《つぎ》の①、②の文《ぶん》は、二通《ふたとお》りの意味《いみ》にとることができます。文《ぶん》が㋐、㋑の意味《いみ》になるように、それぞれ《　》にあるとおりに直《なお》して書《か》きましょう。

① 姉《あね》は必死《ひっし》で走《はし》る弟《おとうと》を追《お》いかけた。

㋐ 「必死《ひっし》」なのは、「弟《おとうと》」のとき。《読点《とうてん》を一《いっ》か所《しょ》に打《う》つ》

姉《あね》は、必死《ひっし》で 走《はし》る弟《おとうと》を 追《お》いかけた。

㋑ 「必死《ひっし》」なのは、「姉《あね》」のとき。《言葉《ことば》の順番《じゅんばん》を入《い》れかえ、読点《とうてん》を一《いっ》か所《しょ》に打《う》って書《か》き直《なお》す》

**姉は、走る弟を必死で追いかけた。**

② わたしは妹《いもうと》と弟《おとうと》をむかえに行《い》った。

㋐ 「わたし一人《ひとり》が、妹《いもうと》と弟《おとうと》の二人《ふたり》をむかえに行《い》った」という意味《いみ》のとき。《読点《とうてん》を一《いっ》か所《しょ》に打《う》つ》

わたしは、妹《いもうと》と 弟《おとうと》を むかえに行《い》った。

㋑ 「わたしと妹《いもうと》の二人《ふたり》で、弟一人《おとうとひとり》をむかえに行《い》った」という意味《いみ》のとき。《言葉《ことば》の順番《じゅんばん》を入《い》れかえ、読点《とうてん》を一《いっ》か所《しょ》に打《う》って書《か》き直《なお》す》

(例)

**妹とわたしは、弟をむかえに行った。**

60頁

# つながりに気《き》をつけよう (5)

名前

(1) 次《つぎ》の二《ふた》つの文《ぶん》を、〈例《れい》〉にならって、一《ひと》つの文《ぶん》に書《か》き直《なお》しましょう。

〈例《れい》〉ぼくは、起《お》きた。ぼくは、歯《は》をみがいた。
↓
ぼくは、起《お》きて、歯《は》をみがいた。

① つばめが、巣《す》を作《つく》った。つばめが、たまごを産《う》んだ。

↓(例) つばめが、巣を作り、たまごを産んだ。

② わたしは、いすにすわった。わたしは、音楽《おんがく》をきいた。

↓(例) わたしは、いすにすわって、音楽をきいた。

(2) 次《つぎ》の三《みっ》つの文《ぶん》を、一《ひと》つの文《ぶん》に書《か》き直《なお》しましょう。

・妹《いもうと》は、帰《かえ》って来《き》た。妹《いもうと》は、手《て》をあらった。妹《いもうと》は、おやつを食《た》べた。

↓(例) 妹は、帰って来て、手をあらい、おやつを食べた。

61頁

# つながりに気《き》をつけよう (6)

名前

● 次《つぎ》の文章《ぶんしょう》を読《よ》んで、問題《もんだい》に答《こた》えましょう。

ぼくは、朝七時《あさしちじ》に起《お》きた。
ぼくは、顔《かお》をあらった。
ぼくは、朝《あさ》ごはんを食《た》べた。 ①

朝食《ちょうしょく》には、お気《き》に入《い》りの
パンがあったので、ぼくは
パンを食《た》べすぎて、
いつもより家《いえ》を出《で》るのが
おそくなってしまったが、
友《とも》だちはいつもの場所《ばしょ》で
待《ま》っていてくれた。 ②

(1) 上《うえ》の文章《ぶんしょう》の①の部分《ぶぶん》を、一文《いちぶん》でまとめて書《か》き直《なお》しましょう。

(例) ぼくは、朝七時に起きて、顔をあらい、朝ごはんを食べた。

(2) 上《うえ》の文章《ぶんしょう》の②の部分《ぶぶん》を、三《みっ》つの文《ぶん》に分《わ》けます。(　)に合《あ》うつなぎ言葉《ことば》を□から選《えら》んで書《か》きましょう。

朝食《ちょうしょく》には、お気《き》に入《い》りのパンがあった。(だから)、ぼくはパンを食《た》べすぎて、いつもより家《いえ》を出《で》るのがおそくなってしまった。(でも)、友《とも》だちはいつもの場所《ばしょ》で待《ま》っていてくれた。

でも・だから



62頁

# もしものときにそなえよう

名前

● 教科書《きょうかしょ》の「もしものときにそなえよう」を読《よ》んで、答《こた》えましょう。
次《つぎ》の、理由《りゆう》を挙《あ》げて説明《せつめい》している北山《きたやま》さんの文章《ぶんしょう》を二回《にかい》読《よ》んで、答《こた》えましょう。

① わたしは、調《しら》べたことを通《とお》して、大雨《おおあめ》のときは早《はや》めにひなんすることが大切《たいせつ》だと考《かんが》えました。

② ㋐、水《みず》があふれた道路《どうろ》を歩《ある》くのは、きけんだからです。「天気《てんき》の安全《あんぜん》ブック」によると、「水があふれた道路では、水の流《なが》れで動けなくなるおそれがある」そうです。水《みず》があふれて、道路《どうろ》と用水路《ようすいろ》などのさかい目《め》が分《わ》からなくなっている写真《しゃしん》ものっていました。

③ もう一《ひと》つ理由《りゆう》があります。それは、大雨《おおあめ》の中《なか》のひなんは、周《まわ》りがよく見《み》えず、きけんがますということです。ぼうさい資料室《しりょうしつ》の岸《きし》さんは、「雨《あめ》が強《つよ》いと、車《くるま》などが近《ちか》づいてくるのにも気《き》づきにくくなります。」とおっしゃっていました。

④ これらの理由《りゆう》から、大雨《おおあめ》が予想《よそう》されるときは、ひなんしやすいうちに、安全《あんぜん》な場所《ばしょ》に行《い》くことが大切《たいせつ》だと考《かんが》えます。

(令和二年度版　光村図書　国語四下　はばたき「もしものときにそなえよう」による)

(1) ㋐にあてはまる言葉《ことば》を一《ひと》つ選《えら》んで○をつけましょう。
(　)ところが
(○)なぜなら
(　)例《たと》えば

(2) 北山《きたやま》さんが読《よ》んだのは、何《なん》という本《ほん》ですか。

天気の安全ブック

(3) 上《うえ》の文章《ぶんしょう》で、(2)の本《ほん》から引用《いんよう》している部分《ぶぶん》に、——線《せん》を引《ひ》きましょう。

(4) 北山《きたやま》さんが自分《じぶん》の考《かんが》えを書《か》いているところは、①～④段落《だんらく》のうち、何段落《なんだんらく》ですか。記号《きごう》で二《ふた》つ答《こた》えましょう。

① ④

(5) 北山《きたやま》さんが理由《りゆう》を挙《あ》げて説明《せつめい》しているところは、①～④段落《だんらく》のうち、何段落《なんだんらく》ですか。記号《きごう》で二《ふた》つ答《こた》えましょう。

② ③

63頁

# 調《しら》べて話《はな》そう、生活調査隊《せいかつちょうさたい》

名前

● 教科書《きょうかしょ》の「調《しら》べて話《はな》そう、生活調査隊《せいかつちょうさたい》」を読《よ》んで、答《こた》えましょう。
次《つぎ》の文章《ぶんしょう》は、生活《せいかつ》に関《かん》するぎもんを調査《ちょうさ》した結果《けっか》をまとめて発表《はっぴょう》した例《れい》の一部分《いちぶぶん》です。文章《ぶんしょう》を二回《にかい》読《よ》んで、答《こた》えましょう。

わたしたちは、「放課後《ほうかご》のすごし方《かた》」というテーマで、調査《ちょうさ》をしました。

㋐みなさんは、放課後《ほうかご》をどのようにすごしていますか。

わたしたちの町《まち》には、緑《みどり》ゆたかな公園《こうえん》や広場《ひろば》がたくさんありますが、みなさんのふだんの会話《かいわ》を聞《き》いていると、室内《しつない》ですごしていることが多《おお》いと感《かん》じました。そこで、アンケートを取《と》って、その実態《じったい》を調《しら》べました。アンケート結果《けっか》から分《わ》かったことや考《かんが》えたことを発表《はっぴょう》します。

※実態《じったい》…ありのままのようす。

(令和二年度版　光村図書　国語四下　はばたき「調べて話そう、生活調査隊」による)

(1) 「わたしたち」が調査《ちょうさ》したテーマは、何《なん》でしたか。

放課後のすごし方

(2) 「わたしたち」は、(1)のテーマについて、どんな方法《ほうほう》で調《しら》べましたか。

アンケートを取《と》る方法《ほうほう》。

(3) ㋐みなさんは…いますか。のところを発言《はつげん》するとき、どのように言《い》うといいですか。一《ひと》つに○をつけましょう。
(　)近《ちか》くにいる人《ひと》にだけ聞《き》こえるように小《ち》さな声《こえ》で話《はな》す。
(○)聞《き》く人《ひと》のきょうみを引《ひ》くよう、たずねるようによびかける。
(　)アンケート結果《けっか》をまとめた資料《しりょう》を見《み》せながら言《い》う。

# 解答例

本書の解答は，あくまでもひとつの例です。児童に取り組ませる前に，必ず指導される方が問題を解いてください。指導される方の作られた解答をもとに，児童の多様な考えに寄り添って○つけをお願いします。

## 64頁

**まちがえやすい漢字《かんじ》(1)**
**(平《ひら》がなで書《か》くと同《おな》じになる言葉《ことば》)**

名前

(1) 漢字《かんじ》が正《ただ》しいほうを○でかこみましょう。

① 雨上《あめあ》がりの、（歯《は》・**葉《は》**）が、きらきら光《ひか》る。

② 地球《ちきゅう》は（円《まる》い・**丸《まる》い**）。

(2) 次《つぎ》の文《ぶん》の意味《いみ》に合《あ》う漢字《かんじ》を□から選《えら》んで書《か》きましょう。

① はやく

㋐ もっと **速く** 走《はし》れるようになりたい。

㋑ 今日《きょう》は、朝《あさ》 **早く** 起《お》きた。

早《はや》く ・ 速《はや》く

② あう

㋐ みんなの意見《いけん》が **合う**。

㋑ 休《やす》みの日《ひ》に友達《ともだち》と **会う**。

合《あ》う ・ 会《あ》う



## 65頁

**まちがえやすい漢字《かんじ》(2)**
**(平《ひら》がなで書《か》くと同《おな》じになる言葉《ことば》)**

名前

(1) 次《つぎ》の……線《せん》の言葉《ことば》に合《あ》う漢字《かんじ》を選《えら》んで、——線《せん》で結《むす》びましょう。

① ㋐ 夜《よ》があける。 ㋑ 教室《きょうしつ》のまどをあける。

開《あ》ける ・ 明《あ》ける

② ㋐ まどから日《ひ》の光《ひかり》がさす。 ㋑ 山《やま》の方《ほう》をさす。

差《さ》す ・ 指《さ》す

(2) 次《つぎ》の文《ぶん》の意味《いみ》に合《あ》う漢字《かんじ》を□から選《えら》んで書《か》きましょう。

① あく

㋐ 毎朝十時《まいあさじゅうじ》に店《みせ》が **開く**。

㋑ 友達《ともだち》が転校《てんこう》して、前《まえ》の席《せき》が **空く**。

開《あ》く ・ 空《あ》く

② かえす

㋐ 弟《おとうと》を先《さき》に **帰す**。

㋑ 図書館《としょかん》で借《か》りた本《ほん》を **返す**。

帰《かえ》す ・ 返《かえ》す



## 66頁

**まちがえやすい漢字《かんじ》(3)**
**(平《ひら》がなで書《か》くと同《おな》じになる言葉《ことば》)**

名前

(1) 次《つぎ》の……線《せん》の言葉《ことば》に合《あ》う漢字《かんじ》を選《えら》んで、——線《せん》で結《むす》びましょう。

① ㋐ しょうかくんれんを行《おこな》う。 ㋑ しょうかのよい食《た》べ物《もの》を作《つく》る。

消火《しょうか》 ・ 消化《しょうか》

② ㋐ 先生《せんせい》に話《はな》しかけるきかいを待《ま》つ。 ㋑ 食品工場《しょくひんこうじょう》のきかい化《か》を図《はか》る。

機械《きかい》 ・ 機会《きかい》

(2) 次《つぎ》の文《ぶん》の意味《いみ》に合《あ》う漢字《かんじ》を□から選《えら》んで書《か》きましょう。

① かんしん

㋐ サッカーの試合《しあい》の結果《けっか》に **関心** がある。

㋑ 友達《ともだち》の思《おも》いやりのある行《おこな》いに **感心** した。

感心《かんしん》 ・ 関心《かんしん》

② いがい

㋐ 日曜日《にちようび》 **以外** は、毎朝七時《まいあさしちじ》に起《お》きる。

㋑ 駅《えき》は、 **意外** に近《ちか》くにあった。

以外《いがい》 ・ 意外《いがい》



## 67頁

**まちがえやすい漢字《かんじ》(4)**
**(なじみのない読《よ》み方《かた》)**

名前

● 次《つぎ》の——線《せん》の漢字《かんじ》の読《よ》みを（　）に書《か》きましょう。

① 七月七日《しちがつなのか》に七夕のお祭《まつ》りがある。（**たなばた**）

② 来月《らいげつ》二十日は、ぼくのたんじょう日《び》だ。（**はつか**）

③ すずしい木かげで休《きゅう》けいする。（**こ**　かげ）

④ 日本《にほん》は昔《むかし》から米作がさかんな国《くに》だ。（**べいさく**）

⑤ 夏休《なつやす》みが始《はじ》まって、もう半ばもすぎた。（**なか**　ば）

⑥ 晴《は》れた日《ひ》は、なわとびの練習《れんしゅう》を戸外で行《おこな》った。（**こがい**）

本書の解答は，あくまでもひとつの例です。児童に取り組ませる前に，必ず指導される方が問題を解いてください。指導される方の作られた解答をもとに，児童の多様な考えに寄り添って○つけをお願いします。



## 68頁

### まちがえやすい漢字《かんじ》 (5)（なじみのない読《よ》み方《かた》）

名前

(1) 次《つぎ》の言葉《ことば》の読《よ》みを（　）に書《か》き、その意味《いみ》を下《した》から選《えら》んで――線《せん》で結《むす》びましょう。

① 半ば（なか）ば ―― 全体《ぜんたい》の半分《はんぶん》くらい。

② 木かげ　こ（かげ） ―― 木《き》の下《した》で、日差《ひざ》しや雨《あめ》の当《あ》たらないところ。

③ 戸外（こがい） ―― 家《いえ》の外《そと》。

④ 米作（べいさく） ―― 米《こめ》を作《つく》ること。

(2) 次《つぎ》の――線《せん》の漢字《かんじ》の読《よ》みを（　）に書《か》きましょう。

① 昨日（きのう）　② 今日（きょう）　③ 明日（あす）

④ 父さん（とう）さん　⑤ 母さん（かあ）さん

⑥ 兄さん（にい）さん　⑦ 姉さん（ねえ）さん

## 69頁

### 初雪《はつゆき》のふる日《ひ》 (1)

名前

● 教科書《きょうかしょ》の「初雪《はつゆき》のふる日《ひ》」の全文《ぜんぶん》を読《よ》んだ後《あと》、次《つぎ》の文章《ぶんしょう》を二回《にかい》読《よ》んで、答《こた》えましょう。

1

雪《ゆき》うさぎの群《む》れの列《れつ》にまきこまれた女《おんな》の子《こ》は、おばあさんの話《はなし》を思《おも》い出《だ》し、よもぎのおまじないを唱《とな》えようとします。しかし、うさぎの歌《うた》につられてしまい、どうしても唱《とな》えられません。

女《おんな》の子《こ》の手足《てあし》はかじかんで、もう氷《こおり》のようになりました。ほほは青《あお》ざめ、くちびるはふるえていました。

「おばあちゃん、助《たす》けて――。」

女《おんな》の子《こ》は、心《こころ》の中《なか》でさけびました。

※かじかむ…寒《さむ》さで手足《てあし》が思《おも》うように動《うご》かなくなる。

2

このときです。たった今《いま》かた足《あし》を入《い》れた輪《わ》の中《なか》に、女《おんな》の子《こ》は、㋐一《いち》まいの葉《は》を見《み》つけたのです。思《おも》わず拾《ひろ》い上《あ》げると、それは、よもぎの葉《は》でした。あざやかな緑《みどり》の、そして、うら側《がわ》には白《しろ》い毛《け》のふっくりと付《つ》いた、やさしいよもぎの葉《は》でした。

（令和二年度版　光村図書　国語四下　はばたき　安房《あわ》　直子《なおこ》）

1

(1) 女《おんな》の子《こ》は、どんな様子《ようす》でしたか。

手足《てあし》はかじかんで、（氷）のようになり、ほほは（青ざめ）、くちびるは（ふるえて）いた。

(2) 女《おんな》の子《こ》は、心《こころ》の中《なか》で、だれに助《たす》けを求《もと》めましたか。

おばあちゃん

2

(1) 女《おんな》の子《こ》は、㋐一《いち》まいの葉《は》をどこで見《み》つけましたか。

女《おんな》の子《こ》が かた足《あし》を入《い》れた（輪の中）。

(2) ㋐一《いち》まいの葉《は》とは、何《なん》の葉《は》でしたか。

（よもぎ）の葉《は》。



## 70頁

### 初雪《はつゆき》のふる日《ひ》 (2)

名前

● 次《つぎ》の文章《ぶんしょう》を二回《にかい》読《よ》んで、答《こた》えましょう。

1

「うわあ、だれが。だれが、落《お》としてくれたの。」女《おんな》の子《こ》は、よもぎの葉《は》を、そっとむねに当《あ》ててみました。

すると、女《おんな》の子《こ》は、だれかにはげまされているような気《き》がしてきました。たくさんの小《ちい》さなものたちが、声《こえ》をそろえて、㋐がんばれがんばれと言《い》っているように思《おも》えてきました。

2

そうです。それは、雪《ゆき》の下《した》にいる、たくさんの草《くさ》の種《たね》の声《こえ》でした。今《いま》、土《つち》の中《なか》でじっと寒《さむ》さにたえている草《くさ》の種《たね》のいぶきが、一《いち》まいの葉《は》を通《とお》して、女《おんな》の子《こ》のむねに伝《つた》わってきたのでした。

「がんばれ、がんばれ。」

※いぶき…こきゅう。息《いき》づかい。

（令和二年度版　光村図書　国語四下　はばたき　安房《あわ》　直子《なおこ》）

1

(1) 女《おんな》の子《こ》が、そっとむねに当《あ》ててみたものは、何《なん》ですか。

よもぎの葉

(2) 女《おんな》の子《こ》は、だれが、㋐がんばれがんばれと言《い》っているように思《おも》えてきましたか。

たくさんの小さなものたち

2

(1) 女《おんな》の子《こ》に ㋐がんばれがんばれと言《い》っているのは、何《なん》の声《こえ》でしたか。

雪《ゆき》の下《した》にいる、たくさんの（草の種）の声《こえ》。

(2) 一《いち》まいの葉《は》を通《とお》して、女《おんな》の子《こ》のむねに伝《つた》わってきたのは、何《なん》でしたか。

土《つち》の中《なか》でじっと寒《さむ》さにたえている（草の種のいぶき。）



## 71頁

### 初雪《はつゆき》のふる日《ひ》 (3)

名前

● 次《つぎ》の文章《ぶんしょう》を二回《にかい》読《よ》んで、答《こた》えましょう。

1

このとき、女《おんな》の子《こ》の頭《あたま》に、ふっと㋐すてきな なぞなぞがうかびました。女《おんな》の子《こ》は目《め》をつぶって、大《おお》きく息《いき》をつくと、

「よもぎの葉《は》っぱのうら側《がわ》は、どうしてこんなに白《しろ》いのかしら。」

とさけびました。

2

㋑これを聞《き》いて、前《まえ》のうさぎの足取《あしど》りがみだれました。前《まえ》のうさぎは、歌《うた》うのをやめてふり向《む》きました。

「よもぎの葉《は》っぱのうら側《がわ》だって。」

すると、今度《こんど》は後《うし》ろのうさぎが、ちょっとよろけて、

「どうしてだろうなあ。」

と言《い》いました。うさぎたちの歌声《うたごえ》はとぎれて、足取《あしど》りもおそくなりました。

※足取《あしど》り…足《あし》の運《はこ》び方《かた》。歩《ある》き方《かた》。

（令和二年度版　光村図書　国語四下　はばたき　安房《あわ》　直子《なおこ》）

1

㋐すてきな なぞなぞとは、どんなものでしたか。文中《ぶんちゅう》から書《か》き出《だ》しましょう。

（よもぎの葉っぱのうら側は、どうしてこんなに白いのかしら。）

2

(1) ㋑これとは、何《なに》を指《さ》しますか。○をつけましょう。

（○）女《おんな》の子《こ》がさけんだなぞなぞ。

（　）うさぎたちの歌《うた》。

(2) 後《うし》ろのうさぎは、何《なん》と言《い》いましたか。書《か》き出《だ》しましょう。

（どうしてだろうなあ。）

(3) うさぎたちの歌声《うたごえ》がとぎれて、足取《あしど》りもおそくなったのは、なぜですか。○をつけましょう。

（　）女《おんな》の子《こ》の声《こえ》におどろいたから。

（○）なぞなぞの答《こた》えを考《かんが》えていたから。

本書の解答は，あくまでもひとつの例です。児童に取り組ませる前に，必ず指導される方が問題を解いてください。指導される方の作られた解答をもとに，児童の多様な考えに寄り添って○つけをお願いします。

## 72頁

### 初雪《はつゆき》のふる日《ひ》 (4)

名前

● 次《つぎ》の文章《ぶんしょう》を二回《にかい》読《よ》んで、答《こた》えましょう。

「よもぎの葉《は》っぱのうら側《がわ》は、どうしてこんなに白《しろ》いのか」というなぞなぞを聞《き》いて、うさぎたちの歌声《うたごえ》はとぎれ、足取《あしど》りもおそくなりました。

1
そこで、女《おんな》の子《こ》は、ひと息《いき》に言《い》いました。
㋐「そんなことはかんたんよ。
㋑あれは、みんな、うさぎの毛《け》。
野原《のはら》でうさぎが転《ころ》がって、
よもぎの葉《は》っぱのうら側《がわ》に、
白《しろ》い毛《け》がどっさり落《お》ちたのよ。」

2
これを聞《き》いて、うさぎたちは
すっかりよろこんで、
「そうだ、そうだ、
それにちがいない。」
と言《い》いました。そして、
㋒こんな歌《うた》を歌《うた》い始《はじ》めたのです。
うさぎの白《しろ》は、春《はる》の色《いろ》
よもぎの葉《は》っぱのうらの色《いろ》
かた足《あし》、両足《りょうあし》、とんとんとん

（令和二年度版　光村図書　国語四下　はばたき　安房《あわ》　直子《なおこ》）

1
(1) ㋐そんなこととは、何《なに》を指《さ》しますか。○をつけましょう。
（　）なぞなぞの問題《もんだい》を出《だ》すこと。
（○）なぞなぞの答《こた》え。

(2) ㋑あれとは、何《なに》を指《さ》しますか。
**よもぎ**の葉《は》っぱの**うら側**の、**白**いところ。

2
(1) 女《おんな》の子《こ》の言葉《ことば》を聞《き》いたうさぎたちは、どんな様子《ようす》でしたか。
**（すっかり）よろこんだ。**

(2) ㋒こんな歌《うた》とは、どんな歌《うた》ですか。文中《ぶんちゅう》から書《か》き出《だ》しましょう。
**うさぎの白は、春の色**
**よもぎの葉っぱの**
**うらの色**
**かた足、両足、とん**
**とんとん**



## 73頁

### 初雪《はつゆき》のふる日《ひ》 (5)

名前

● 次《つぎ》の文章《ぶんしょう》を二回《にかい》読《よ》んで、答《こた》えましょう。

うさぎたちは、「うさぎの白《しろ》は、春《はる》の色《いろ》……」と歌《うた》いよもぎの葉《は》っぱのうらの色《いろ》始《はじ》めました。

1
すると、どうでしょう。この歌《うた》に合《あ》わせてとびながら、女《おんな》の子《こ》は、花《はな》のにおいをかいだような気《き》がしました。小鳥《ことり》の声《こえ》を聞《き》いたような気《き》がしました。あたたかい春《はる》の日《ひ》をいっぱいに浴《あ》びて、よもぎの野原《のはら》で石《いし》けりをしているような気持《きも》ちになりました。女《おんな》の子《こ》の体《からだ》は、だんだん温《あたた》かくなり、ほほは、ほんのりばら色《いろ》になりました。

2
女《おんな》の子《こ》は、目《め》をつぶって大《おお》きく息《いき》をすうと、むちゅうでさけびました。
「よもぎ、よもぎ、春《はる》のよもぎ。」
と。

（令和二年度版　光村図書　国語四下　はばたき　安房《あわ》　直子《なおこ》）

1
(1) うさぎたちの歌《うた》に合《あ》わせてとびながら、女《おんな》の子《こ》は、何《なに》をかいだような気《き》がしましたか。
**花のにおい**

(2) 女《おんな》の子《こ》は、何《なに》を聞《き》いたような気《き》がしましたか。
**小鳥の声**

(3) 女《おんな》の子《こ》は、何《なに》をいっぱいに浴《あ》びて、石《いし》けりしているような気持《きも》ちになりましたか。
**あたたかい春の日**

2
女《おんな》の子《こ》は、むちゅうで何《なん》とさけびましたか。文中《ぶんちゅう》から書《か》き出《だ》しましょう。
**よもぎ、よもぎ、春のよもぎ。**



## 74頁

### 初雪《はつゆき》のふる日《ひ》 (6)

名前

● 次《つぎ》の文章《ぶんしょう》を二回《にかい》読《よ》んで、答《こた》えましょう。

女《おんな》の子《こ》は、むちゅうで「よもぎ、よもぎ、春《はる》のよもぎ。」とさけびました。

1
㋐気《き》がついたとき、女《おんな》の子《こ》は、たった一人《ひとり》で、知《し》らない町《まち》の知《し》らない道《みち》をとんでいました。前《まえ》にも後《うし》ろにも、うさぎなんか一《いっ》ぴきもいません。ほろほろと雪《ゆき》のまう一本道《いっぽんみち》に、もう石《いし》けりの輪《わ》はなく、そして、女《おんな》の子《こ》の手《て》の中《なか》のよもぎの葉《は》も、消《き》えていました。

2
「ああ、助《たす》かった。」と、女《おんな》の子《こ》は思《おも》いました。けれどもこのとき、女《おんな》の子《こ》の足《あし》はもうぼうのようで、動《うご》きませんでした。

（令和二年度版　光村図書　国語四下　はばたき　安房《あわ》　直子《なおこ》）

1
(1) ㋐気《き》がついたとき、女《おんな》の子《こ》は、どんなところにいましたか。
**知らない**町《まち》の**知らない**道《みち》。

(2) ㋐気《き》がついたとき、女《おんな》の子《こ》の目《め》の前《まえ》から消《き》えていたものを、三《みっ》つ書《か》きましょう。(三文字《さんもじ》、五文字《ごもじ》、五文字《ごもじ》で文中《ぶんちゅう》から書《か》き出《だ》しましょう。)
**うさぎ**
**石けりの輪**
**よもぎの葉**

2
(1) 女《おんな》の子《こ》は、何《なん》と思《おも》いましたか。
**ああ、助かった。**

(2) 女《おんな》の子《こ》の足《あし》は、どうなっていましたか。
**ぼうのよう**で、動《うご》かなかった。



## 75頁

### 百人一首《ひゃくにんいっしゅ》に親《した》しもう

名前

(1) 次《つぎ》の文《ぶん》は、百人一首《ひゃくにんいっしゅ》について説明《せつめい》したものです。（　）にあてはまる言葉《ことば》を下《した》の□から選《えら》んで書《か》きましょう。

百人一首《ひゃくにんいっしゅ》とは、**（百人）**の歌人《かじん》がよんだ**（短歌）**を一首《いっしゅ》ずつ選《えら》んで、まとめたものです。
百人一首《ひゃくにんいっしゅ》の**（かるた）**には、読《よ》み札《ふだ》と取《と》り札《ふだ》があり、**（取り札）**には、下《しも》の句《く》しか書《か》かれていません。

・かるた
・短歌《たんか》
・取《と》り札《ふだ》
・百人《ひゃくにん》

●読《よ》み札《ふだ》

崇徳院《すとくいん》
上《かみ》の句《く》：瀬《せ》をはやみ　岩《いわ》にせかるる　瀧川《たきがわ》の
下《しも》の句《く》：われても末《すえ》に　逢《あ》はむとぞ思《おも》ふ

●取《と》り札《ふだ》

われてもす
ゑ《え》にあはむ
とそおもふ

(2) 百人一首《ひゃくにんいっしゅ》のかるたで、上《うえ》の読《よ》み札《ふだ》にあう取《と》り札《ふだ》を、下《した》の□から選《えら》び、記号《きごう》で答《こた》えましょう。

①
後徳大寺左大臣《ごとくだいじのさだいじん》
ほととぎす
鳴《な》きつる方《かた》を
ながむれば
ただ有明《ありあけ》の
月《つき》ぞ残《のこ》れる

**㋒**

②
紫式部《むらさきしきぶ》
めぐり逢《あ》ひ(い)て
見《み》しやそれとも
分《わ》かぬ間《ま》に
雲隠《くもがく》れにし
夜半《よわ》の月《つき》かな

**㋑**

㋐ ほととぎす なきつるか たをなかむ
㋑ くもかくれ にしよわの つきかな
㋒ たたありあ けのつきそ のこれる

※取《と》り札《ふだ》は、濁点《だくてん》（゛）を省《はぶ》いたひらがなで書《か》かれています。

（令和二年度版　光村図書　国語四下　はばたき「百人一首に親しもう」による）

本書の解答は，あくまでもひとつの例です。児童に取り組ませる前に，必ず指導される方が問題を解いてください。指導される方の作られた解答をもとに，児童の多様な考えに寄り添って○つけをお願いします。

**解答例**

**76頁**

## 言葉《ことば》のたから箱《ばこ》 (1)

名前

考《かんが》えや気持《きも》ちをつたえる言葉《ことば》の意味《いみ》や使《つか》い方《かた》をたしかめましょう。

(1) 次《つぎ》の言葉《ことば》とよくにた意味《いみ》を表《あらわ》す言葉《ことば》を□から選《えら》んで書《か》きましょう。

① のんき（のんびり）

② 根気強《こんきづよ》い（がまん強い）

③ ずうずうしい（図太い）

・図太《ずぶと》い　・がまん強《づよ》い　・のんびり

(2) 次《つぎ》の文《ぶん》を読《よ》んで、——線《せん》の言葉《ことば》の意味《いみ》に合《あ》うものに○をつけましょう。

① ささやかなおくりものを、おばあちゃんにわたした。

（○）小《ちい》さくて、わずかなようす。

（　）大《おお》きくて、りっぱなようす。

② ゆとりのある生活《せいかつ》にあこがれる。

（　）犬《いぬ》や猫《ねこ》や鳥《とり》などのペットをかう。

（○）お金《かね》や時間《じかん》・気持《きも》ちなどによゆうがある。

③ あのかた苦《くる》しいレストランでは、あまり食《た》べられなかった。

（　）人《ひと》がいっぱいできゅうくつなようす。

（○）気楽《きらく》に過《す》ごせなくて、落《お》ち着《つ》かないようす。

76

**77頁**

## 言葉《ことば》のたから箱《ばこ》 (2)

名前

考《かんが》えや気持《きも》ちをつたえる言葉《ことば》の意味《いみ》や使《つか》い方《かた》をたしかめましょう。

(1) 次《つぎ》の文《ぶん》を読《よ》んで、——線《せん》の言葉《ことば》の意味《いみ》に合《あ》うものに○をつけましょう。

① 最後《さいご》までやりとげようと、はらを決《き》める。

（○）決心《けっしん》する。

（　）きんちょうする。

② 金《きん》メダルをもらって、ほこらしいと思《おも》う。

（　）ばかばかしくてつまらない気持《きも》ちになる。

（○）人《ひと》にじまんしたい気持《きも》ちになる。

(2) 次《つぎ》の文《ぶん》の（　）にあてはまる言葉《ことば》を□から選《えら》んで書《か》きましょう。

① ㋐ テスト前《まえ》は、いつも（気が重い）。

㋑（気が遠くなる）ような数《かず》の人《ひと》が、駅《えき》にいた。

・気《き》が遠《とお》くなる　・気《き》が重《おも》い

② ㋐ 父《ちち》の病気《びょうき》がなおって、（心が晴れる）。

㋑ お祭《まつ》りのことを考《かんが》えると、（心がはずむ）。

・心《こころ》が晴《は》れる　・心《こころ》がはずむ

77


喜楽研の支援教育シリーズ

ゆっくり　ていねいに学べる

**国語教科書支援ワーク 4-②**　光村図書の教材より抜粋

2023年3月1日

原稿検討：中村　幸成
イラスト：山口　亜耶　他
表紙イラスト：鹿川　美佳
表紙デザイン：エガオデザイン
企画・編著：原田　善造・あおい　えむ・今井　はじめ・さくら　りこ・中田　こういち
なむら　じゅん・ほしの　ひかり・堀越　じゅん・みやま　りょう（他4名）
編集担当：中川　瑞枝

発行者：岸本　なおこ
発行所：喜楽研（わかる喜び学ぶ楽しさを創造する教育研究所：略称）
〒604-0827　京都府京都市中京区高倉通二条下ル瓦町 543-1
TEL 075-213-7701　FAX 075-213-7706　HP https://www.kirakuken.co.jp
印刷：株式会社米谷

ISBN：978-4-86277-392-0